Pierre Berloquin:
Garten der Sphinx
150 mathematische Denkspiele

Aus dem Französischen von
Michael Stoll

Deutscher
Taschenbuch
Verlag

Ungekürzte Ausgabe
Dezember 1986
Deutscher Taschenbuch Verlag GmbH & Co. KG,
München

Titel der französischen Originalausgabe:
›Le jardin du Sphinx‹

ISBN 3-88034-220-2
Umschlaggestaltung: Celestino Piatti
Gesamtherstellung: C. H. Beck'sche Buchdruckerei,
Nördlingen
Printed in Germany · ISBN 3-423-10686-7

Das Buch

Seit Urzeiten gilt die Sphinx, jenes sagenhafte Untier vor den Toren Thebens, als Synonym für rätselhafte Fragestellungen. Wer sich in ihren Bann begibt, dem ergeht es möglicherweise wie dem Autor, der mit den 150 Denksportaufgaben dieses Bandes Hunderttausende Leser der französischen Zeitung ›Le Monde‹ in Atem gehalten hat. »Für mich wird die Welt nie mehr einfach sein«, schreibt er in seinem Vorwort. »Ich habe Eden verlassen, um mich in den Garten der Sphinx zu begeben. Ich werde stets, jenseits der täuschenden Banalität des Alltags, nach der Lösung suchen.« Wer das Risiko nicht scheut, in diese abenteuerlichen Gefilde vorzudringen, in denen »die bittere Milch des Kopfzerbrechens« fließt, der wird dafür mit einer Fülle kniffliger, heiterer und magischer Kopfnüsse – und einem ausführlichen Lösungsteil – reichlich belohnt. Er begegnet den Newtonschen Ochsen und dem Algorithmus von Kaprekar, erlebt elliptisches Unglück und arithmetische Verschmutzung, entdeckt Wasser in der Wüste und gleich noch die Psychologie der Wasserstrahlen. Und wenn er dann das Vierer-Universum und die Durstmauer überwunden hat, taucht er »Jenseits aller Vorurteile« am anderen Ende des geheimnisvollen Gartens wieder auf.

Der Autor

Pierre Berloquin wurde 1939 in Tours, Frankreich, geboren. 1962 schloß er sein Studium als Mathematiker und Computerfachmann ab. Seit 1962 hat er in verschiedenen Zeitungen und Zeitschriften seine eigenen Spielekolumnen. Durch seine Spielebücher, u. a. ›Logische Kopfspiele‹ und ›Mathematische Kopfspiele‹, wurde er inzwischen auch in Deutschland, England und Amerika bekannt.

dtv spiele

Hochkeppel: Denken als Spiel (965)
Orbán: Schach als Denkspiel (1029)
Orbán: Endspiele und Mattüberfälle. Schach als Denkspiel 2 (1659)
Botermans, Delft, Dobbelsteen: Denkspiele mit Domino, Würfel und Streichholz (10049)
Mander, Dipple, Gossage: Papierflieger (10050)
Morris: 99 neunmalkluge Denkspiele (10094)
Botermans, Delft, Dobbelsteen: Denkspiele mit Bleistift und Papier (10131)
Abbott: Kartenspiel als Kunst (10165)
Sackson: Spiele anders als andere (10186)
Kelsey: Magische Zahlenspiele (10199)
Botsch: Hirnverzwirner (10293)
Logeleien von Zweistein (10306)
Namislow: Hexagramm (10340)
Menninger: Ali Bab und die 39 Kamele (10353)
Botsch, Barnard: Neue Hirnverzwirner (10363)
Prause: 66 × Wer war's? (10434)
Neue Logeleien von Zweistein (10455)
Gardner: Denkspiele aus der Zukunft (10466)
Prause: 44 × Wer war's? (10487)
Weitere Logeleien von Zweistein (10503)
Gardner: Aha! oder Das wahre Verständnis der Mathematik (10611)
Botermans: Flieger aus Papier (10624)
Waldmann: Zauberkunst (10635)
Sackson: Kartenspiele der Welt (10662)
Thiele: Das große Spielvergnügen (10674)
Berloquin: Garten der Sphinx (10686)

Inhalt

Vorwort

Dem Kopf tun Schläge gut, wenn sie aufhören, und Rätsel, wenn man sie gelöst hat.
Wenn man sie gelöst hat.
Ah! Welch süßes Knirschen der Gedanken, wenn sich das Indiz auflehnt und die Logik hinter der Beweisführung verschwindet! Welch angenehme Raserei, wenn sich auch der letzte Lösungsweg verschließt und der Geist im Teufelskreis verrückt wird! Welch göttliche Furcht, wenn das Paradox droht und einander widersprechende Rechnungen den Verstand vernebeln!
Rätsel, Paradox, Labyrinth, großartige Dreiheit des Denksports, von eurem problematischen Busen trank ich die bittere Milch des Kopfzerbrechens und der Geheimnisse. Ihr habt mir die Augen für das Universum des Denkspiels geöffnet, indem ihr mir die Falle unter der Unschuld und die Sackgasse hinter der Vernunft enthüllt habt. Für mich wird die Welt nie mehr einfach sein. Ich habe Eden verlassen, um mich in den Garten der Sphinx zu begeben. Ich werde stets, jenseits der täuschenden Banalität des Alltags, nach der Lösung suchen.

Diese Mathematischen Rätsel sind im Laufe der letzten Jahre in der Zeitung ›Le Monde‹ erschienen. Oft haben mir meine Leser geantwortet, um über die angebotenen Aufgabenstellungen und Lösungen hinaus auf schönere oder überraschende Lösungswege oder auf neue Probleme hinzuweisen. So entstand ein Dialog, in dem meine Probleme und die, die ich aus anderen Büchern ausgewählt habe, die Phantasie der Leser anregten. Die vorliegende Sammlung ist die Frucht dieses Austausches.

Pierre Berloquin

Für Dominique,
die so oft weiß warum.

1 Das Wasser in der Wüste

Sie befinden sich am Rand der Wüste. Sie wollen vier Tagesmärsche entfernt im Inneren der Wüste eine Fahne aufstellen. Sie haben keine besondere Ausrüstung und sind ausschließlich auf Ihre eigenen Fähigkeiten angewiesen. Sie können einen oder mehrere Begleiter mitnehmen.
Die Beförderung der Fahne und des Proviants ist kein Problem. Die einzige Einschränkung besteht beim Wasser: Jeder kann nur für fünf Tage Wasser mitnehmen. Wenn Sie sich also allein aufmachen, können Sie mit dem Wasser, das Sie dabeihaben, zweieinhalb Tage auf Ihr Ziel zugehen und dann wieder zurückkehren.
Wie würden Sie unter diesen Bedingungen Ihr Projekt verwirklichen, wenn maximal drei Begleiter und 20 Tagesrationen Wasser zur Verfügung stehen?

2 Reines Durchdenken

Zu Beginn dieses Jahrhunderts, lange vor der Flut der Mengen und Relationen, war sogar die Algebra im Unterricht kaum geduldet: Man zweifelte an ihrem pädagogischen Wert. Den Unbekannten und Gleichungen zog man das »Durchdenken« vor. Hier ist die Gelegenheit, sich in diese Zeit zurückzuversetzen und das »reine« Durchdenken wiederzuentdecken.
Ein Zug braucht sieben Sekunden, um an einem stillstehenden Beobachter vorbeizufahren, und 26 Sekunden, um einen 380 Meter langen Bahnhof zu durchfahren.
Wie schnell und wie lang ist der Zug?

3 Das Alter seiner Ziffern

Auch hier sind, wie bei Aufgabe 2, Algebra, Unbekannte und Gleichungen verboten.
Welches Alter erreicht jemand im Jahr 1898, wenn dieses Alter gleich der Quersumme seines Geburtsjahres ist?

4 Der Tausch der Springer

Man kann die Lösung dieses Problems auf direkte Weise durch langes Probieren finden. Interessanter ist es aber, es über einen Umweg, dafür aber systematischer, zu lösen.
Auf einem 4 × 3-Schachbrett stehen sich drei schwarze Springer (schwarze Sterne) und drei weiße (weiße Sterne) gegenüber. Wie viele Sprünge sind nötig, um die weißen mit den schwarzen Springern die Plätze tauschen zu lassen?

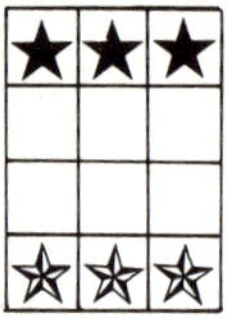

5 Das Malteser Kreuz im Quadrat

Trotz seines erheblich anderen Aussehens kann das Malteserkreuz in ein griechisches Kreuz umgewandelt werden. Man braucht dazu nur einige Schnitte mit der Schere zu

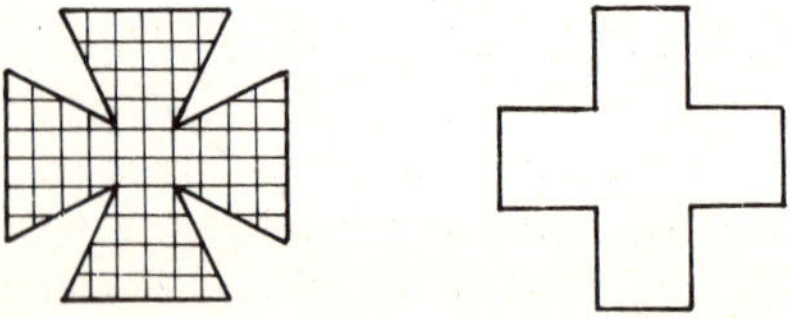

machen und die entstandenen Teile geeignet wieder zusammenzufügen. Wie?
Finden Sie eine Lösung mit acht Stücken?

6 Zusammenfügen von Achtecken

Ein »Zerschneidungsproblem« besteht darin, eine Figur zu zerschneiden, und aus den Stücken eine neue zu bilden. Eng verwandt ist das »Zusammenfügen«. Hier müssen mehrere gleiche Figuren zerschnitten und zu einer ähnlichen, entsprechend größeren Figur zusammengesetzt werden.
Können Sie die drei kleinen Achtecke in insgesamt zehn Stücke schneiden und daraus das große – mit der dreifachen Fläche – zusammensetzen?

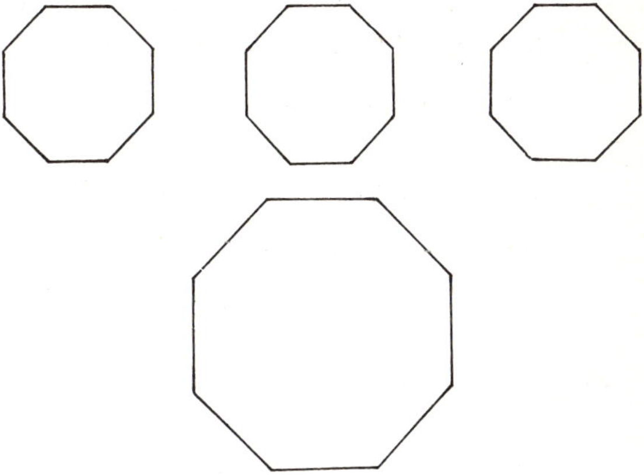

7 Die Multiplikation der Primitiven

Es gibt eine primitive Art zu multiplizieren, die nur das Verdoppeln und das Halbieren erfordert. Es sei beispielsweise das Produkt 43 × 81 zu berechnen. Die beiden Zahlen werden an den Anfang zweier Spalten geschrieben, die kleinere nach links. In der linken Spalte wird nun fortlaufend halbiert, wobei evtl. auftretende Reste wegfallen, in der rechten fortlaufend verdoppelt, bis beide Zahlenreihen gleich lang sind (links steht zuletzt die 1):

43	81
21	162
10	~~324~~
5	648
2	~~1296~~
1	2592
	3483

Steht links eine gerade Zahl, dann wird die benachbarte Zahl in der rechten Spalte gestrichen. Die übrigbleibenden werden addiert. Das Ergebnis ist richtig. Warum?

8 Das Vierer-Universum

Es gibt unendlich viele Ausdrücke, die als Ziffern genau dreimal die 4 und sonst nur die gängigen mathematischen Symbole enthalten, z. B.:

$$\frac{4 \cdot 4!}{4},\ 4 + 4^4,\ (444!)!$$

Einige Versuche zeigen, daß diese Ausdrücke fast jeden positiven ganzzahligen Wert annehmen können, wenn man die Symbole geschickt setzt.
Aber wie kann man eine allgemeine Formel konstruieren, die als Ziffern genau dreimal die 4 enthält, und mit der man jede positive ganze Zahl ausdrücken kann? (Die Anzahl der Symbole muß dabei nicht beschränkt sein.)

9 Zufälle am Kreis

Durch einen Kreis wird eine beliebige Gerade gezeichnet. Wie groß ist die Wahrscheinlichkeit, daß die von ihr ausgeschnittene Sehne länger ist als die Seite des dem Kreis einbeschriebenen gleichseitigen Dreiecks?
Eine erste Möglichkeit der Berechnung besteht darin, aus Symmetriegründen die Richtung der Geraden festzulegen und ihren Schnitt mit dem dazu senkrechten Durchmesser zu betrachten. Teilt man den Durchmesser in vier gleiche Teile, dann hat die Sehne genau dann eine größere Länge als die Dreiecksseite, wenn sie den Durchmesser in einem der beiden mittleren Viertel schneidet. Die Wahrscheinlichkeit ist demnach $\frac{1}{2}$.
Eine andere Möglichkeit besteht darin, den Mittelpunkt der Sehne zu betrachten. Damit die Länge der Sehne im gewünschten Bereich liegt, muß der Mittelpunkt im Inneren des dem Dreieck einbeschriebenen Kreises (dessen Radius halb so groß ist wie der des äußeren Kreises) liegen. Da dessen Fläche ein Viertel der Fläche des großen Kreises ist, muß die gesuchte Wahrscheinlichkeit $\frac{1}{4}$ sein.
Joseph Bertrand, der vor einem halben Jahrhundert dieses Problem ersonnen hat, um damit die Theorie der stetigen Zufallsgrößen zu kritisieren, fügt dem noch eine dritte Möglichkeit hinzu, die ein den beiden bisherigen Ergebnissen widersprechendes Resultat liefert.
Wie geht er dabei vor?

10 Die Zufallssehne

Wenn eine Sehne »zufällig« in einen Kreis gezeichnet wird, dann hängt die Wahrscheinlichkeit, daß sie länger ist als die Seite des dem Kreis einbeschriebenen gleichseitigen Dreiecks, von der Betrachtungsweise des Rechners ab. Sie kann $\frac{1}{2}$, $\frac{1}{3}$ oder $\frac{1}{4}$ sein (siehe Aufgabe 9).

B. Walliser ist es sogar gelungen, folgendes zu zeigen: Wenn man die mehrdeutige Ausdrucksweise, die das Paradoxon hervorgerufen hat, beibehält, erlaubt es ein Kunstgriff, die Wahrscheinlichkeit stetig zwischen 0 und 1 zu »verändern«. Welcher Kunstgriff ist das?

11 Unmögliches Zusammentreffen?

Ist es möglich, plötzlich aufzuwachen, auf den Wecker zu schauen und auszurufen: »Sieh an! Er hat nur noch einen Zeiger«, weil die Stellungen der drei Zeiger zusammenfallen?
Stunden-, Minuten- und Sekundenzeiger überdecken sich genau, wenn es zwölf Uhr ist. Kann das auch zu einem anderen Zeitpunkt geschehen?

12 Begegnungen auf dem Zifferblatt

Stunden-, Minuten- und Sekundenzeiger eines normal funktionierenden Weckers können sich nicht überdecken, außer um zwölf Uhr. Aber sie können sich einer solchen Überdeckung annähern.
Zu welchem anderen Zeitpunkt des Tages sind die drei Zeiger dem vollkommenen Zusammentreffen am nächsten, d. h. im kleinstmöglichen spitzen Winkel enthalten?

13 Das Gleichgewicht des Ochsen

Einen Fütterungsplan aufzustellen, wenn ein genau vorgegebenes Ziel erreicht werden soll, ist nicht so einfach wie es scheint. Haben Sie eine Idee für den richtigen Weg?
Ein 630 Kilo schwerer Ochse braucht 13500 Kalorien am Tag, damit er gesund bleibt, aber nicht wächst. Dieser Nahrungsbedarf ist proportional zu seiner Körperoberfläche. Wieviele Kalorien braucht ein 420 Kilo schwerer Ochse täglich, um sein Gewicht beizubehalten?

14 Kunst und Rechnung

Große Rechenkünstler verbinden in Wirklichkeit ihre außergewöhnlichen Fähigkeiten mit einigen einfachen Rechnungen, um mit ihren Anstrengungen mehr zu erreichen. Angenommen, einer von ihnen unternimmt es, im Kopf die 64. Wurzel aus einer zwanzigstelligen Zahl zu ziehen. Wenn er vorher weiß, daß das Ergebnis eine ganze Zahl ist, muß er dann alle Ziffern des Radikanden kennen?

15 Heterogene Quadrate

Klassischerweise wird ein Quadrat, das die ersten n^2 ganzen Zahlen enthält, »magisch« genannt, wenn seine Zeilen-, Spalten- und Diagonalensummen alle gleich sind.
Kann man sich das Gegenteil der Magie vorstellen? Gibt es die Nicht-Magie?
Ein erster Schritt besteht darin, »heterogene« Quadrate zu definieren. In einem solchen Quadrat sind die Zeilen-, Spalten- und Diagonalensummen alle verschieden.
Warum gibt es kein heterogenes Quadrat der Ordnung 2? Können Sie eines der Ordnung 3 konstruieren?

16 Anti-Magie

An ein »anti-magisches« Quadrat werden noch höhere Anforderungen gestellt als an ein heterogenes (siehe Aufgabe 15): Die Zeilen-, Spalten- und Diagonalensummen müssen nicht nur verschiedene, sondern sogar aufeinanderfolgende Zahlen sein.
Man kennt kein einziges anti-magisches Quadrat der Ordnung 3, ihre Existenz scheint unmöglich. Können Sie eines der Ordnung 4 (man kennt 20 Beispiele) und der Ordnung 5 konstruieren?

17 Strategie auf dem Kalender

Zwei Spieler nennen einander Daten. Die Jahreszahlen spielen dabei keine Rolle. Der erste muß einen Tag im Januar angeben, z. B. den 14. Januar. Danach nennen beide Spieler abwechselnd Daten, wobei das Datum jeweils später im Jahr liegen muß als das vorher vom Gegner genannte, aber mit diesem hinsichtlich Tag oder Monat übereinstimmen muß.
Auf den 14. Januar kann beispielsweise der 16. Januar, der 20. Januar, der 14. April, der 14. August oder der 14. Oktober folgen. Ein möglicher Spielbeginn wäre: 14. Januar, 14. April, 27. April, 30. April, 30. Juni, ...
Es gewinnt, wer zuerst den 31. Dezember nennt.
Welcher Spieler kann mit Sicherheit gewinnen und wie?

18 Fingertaktik

Zwei Spieler nennen einander durch Zeichen Primzahlen.
Die Spieler zeigen abwechselnd Finger einer Hand (null ist verboten), wobei die Gesamtsumme aller gezeigten Finger

immer eine Primzahl sein muß. Verloren hat, wer als Gesamtsumme keine Primzahl erreichen kann.
Ein Beispiel für den Anfang einer Partie:

A: 2
B: 1 (+ 2 = 3)
A: 2 (+ 3 = 5)
B: 2 (+ 5 = 7)
usw.

Wie muß A beginnen, um sicher zu gewinnen?

19 Kampf für zwei Hände

Wie in Aufgabe 18 tauschen zwei Spieler durch Zeichen Primzahlen aus. Aber diesmal können die Finger beider Hände benutzt werden. Keinen Finger zu zeigen bleibt verboten.
Welche Strategie sichert dem ersten Spieler den Sieg?

20 Die beste Brücke

Zwei Städte liegen am selben Ufer eines geradlinigen Flusses. Eine geplante Straße soll von der einen Stadt geradlinig zu einer Brücke und von dort geradlinig zu der zweiten Stadt führen. Die Brücke soll also beiden Städten zum Überqueren des Flusses dienen.

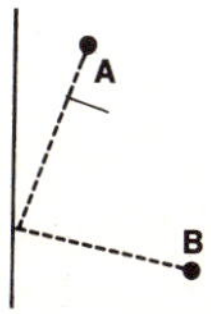

Wie findet man am einfachsten den Brückenstandort, bei dem die Verbindung zwischen den Städten am kürzesten ist?

21 Die gelungene Überquerung

Zwei Städte sind durch einen Kanal mit parallelen und geradlinigen Ufern getrennt. Aber diesmal wird, im Unterschied zu Aufgabe 20, die Breite des Kanals nicht vernachlässigt. Eine geplante Straße soll in gerader Linie von einer Stadt zum Kanal führen, diesen durch eine zu ihm senkrechte Brücke überqueren und dann geradlinig die zweite Stadt erreichen.
Wie findet man am einfachsten die kürzeste Straße?

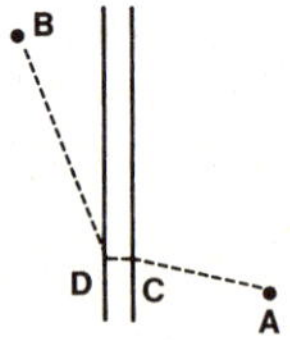

22 Spiegelung und Sparsamkeit

Leben wir nicht in einer zu luxuriösen Welt mit zu großen Spiegeln?
Wie hoch muß ein vertikal aufgehängter Spiegel sein, damit ich mich bei 1,70 Meter Körpergröße davor aufrecht stehend ganz sehen kann?

23 Mehrfache Bilder

Ich bin ein Punkt in der winkelhalbierenden Ebene zwischen zwei Spiegeln, die um eine gemeinsame senkrechte Achse drehbar sind.
Wie viele Bilder von mir kann ich sehen, abhängig vom Winkel zwischen den Spiegeln?

24 Falscher Beweis

Ja, Sie erinnern sich richtig: Es gibt nur ein Lot von einem Punkt auf eine Ebene. Wo liegt also der Fehler bei dem folgenden Beweis, der die Existenz von unendlich vielen Loten von einem außerhalb liegenden Punkt auf eine gegebene Ebene zeigt?
Es sei P der außerhalb liegende Punkt und A und B zwei beliebige Punkte in der Ebene. Die Kugeln mit den Durchmessern PA und PB schneiden die Ebene in zwei Kreisen, deren Schnittpunkte C und D seien.
Da C auf Kreisen mit den Durchmessern PA und PB (Großkreise der Kugeln) liegt, ist PC senkrecht zu CA und CB und damit auch zur Ebene. D liegt ebenfalls auf Kreisen mit Durchmessern PA und PB, folglich ist PD senkrecht zu DA und DB, also auch zur Ebene. Da A und B beliebig waren, gibt es auch beliebig viele Punkte C und D und damit beliebig viele Lote.

25 Tetraeder sehen

Wie gut ist Ihr geometrisches Vorstellungsvermögen?
Können Sie im dreidimensionalen Raum »sehen«?
Könnten Sie acht (nicht unbedingt reguläre) Tetraeder konstruieren, die paarweise einen Teil einer Seitenfläche gemeinsam haben?

Dieser gemeinsame Teil darf nicht zu einer Strecke oder zu einem Punkt entarten und auch nicht zu mehr als zwei Tetraedern gehören.

26 Wahrheit und Brüderlichkeit

Zwei Brüder sagen stets die reine Wahrheit, mit einer einzigen Ausnahme: Am Tag seines Geburtstages lügt jeder der beiden über seinen Geburtstag.
Sie werden an Silvester gefragt: »Wann ist euer Geburtstag?« Der erste antwortet: »Gestern« und der zweite: »Morgen«.
Wenn sie an Neujahr auf dieselbe Frage dieselben Antworten geben, wann hat dann jeder seinen Geburtstag?

27 Euklid, in Frage gestellt

Ist das euklidische Parallelenaxiom wirklich notwendig?
Hier ist ein Beweis, der das Axiom nicht voraussetzt, für einen diesem berühmten Axiom gleichwertigen Satz.
Wir wollen zeigen: Werden zwei Parallelen von einer Geraden geschnitten, dann ist die Summe der inneren Winkel auf einer Seite der schneidenden Geraden gleich zwei Rechten.
Es seien a, b, c und d die durch die schneidende Gerade mit den Parallelen gebildeten inneren Winkel. Es gibt drei mögliche Hypothesen, je nachdem, ob die Summe der Winkel einer Seite

- größer als zwei rechte Winkel ist;
- kleiner als zwei rechte Winkel ist;
- gleich zwei rechten Winkeln ist.

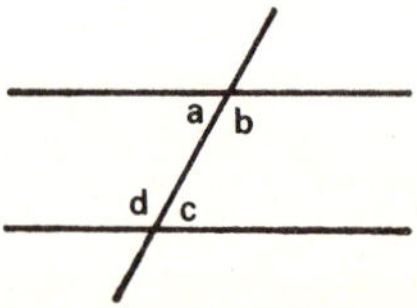

Aus der ersten Hypothese folgt:

$a + d > 180°$ und $b + c > 180°$, daraus folgt:
$a + b + c + d > 360°$.
Es ist aber $a + b = c + d = 180°$,
so daß $a + b + c + d = 360°$.

Die Hypothese führt auf einen Widerspruch und muß also falsch sein. Das gleiche gilt für die zweite Hypothese. (Die Ungleichungszeichen werden lediglich umgedreht.) Es bleibt nur eine Möglichkeit: Die Winkelsumme einer Seite ist gleich zwei rechten Winkeln.
Wo liegt der Irrtum?

28 Die Winkel und ihre Summe

Ein weiterer »Beweis« für die Unnötigkeit des Axioms von Euklid (siehe Aufgabe 27): Man kann scheinbar direkt zeigen, daß die Winkelsumme in einem beliebigen Dreieck gleich 180°ist.
Nehmen wir ein beliebiges Dreieck, das in zwei ebenso beliebige Dreiecke unterteilt ist. a, b, c, d, e und f seien die Innenwinkel dieser Dreiecke.
Es sei x die zu bestimmende Summe der Winkel im Dreieck. Es ist:

$$a + b + f = x = c + d + e,$$
$$a + b + c + d + e + f = 2x.$$

e und f ergänzen sich als Nebenwinkel zu 180°. Es folgt:

$$a + b + c + d + 180° = 2x,$$
$$x + 180° = 2x, \text{ (Winkelsumme im großen Dreieck)}$$
$$x = 180°.$$

Wo liegt der Fehler?

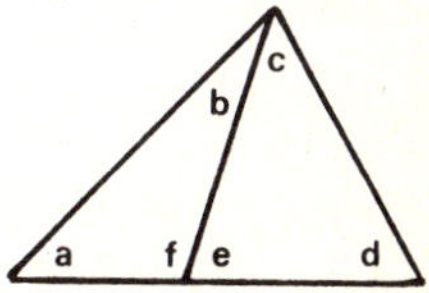

29 Die Psychologie der Wasserstrahlen

Ein zylindrischer Behälter von 4 Meter Höhe ist mit Wasser gefüllt. Er hat drei gleichartige Löcher, die senkrecht übereinander in den Höhen 1 Meter, 2 Meter und 3 Meter angebracht sind.
Wie verhalten sich die Strahlen zu Beginn des Experiments? Berühren sie im selben Punkt den Boden? Wenn nicht, wie sind die Punkte, in denen sie auftreffen, bezüglich des Behälters angeordnet?

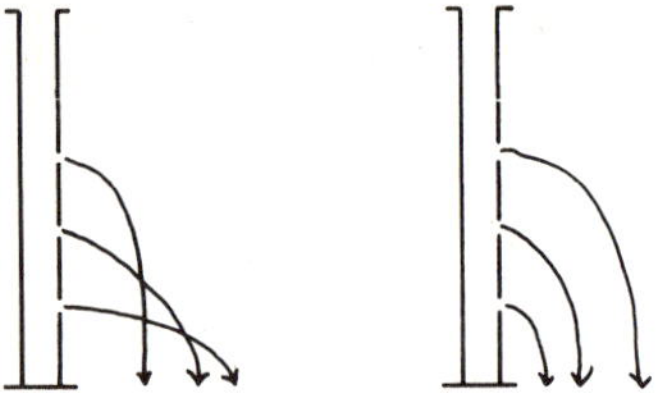

30 Der Priester und sein Kirchendiener

Ein Priester sagt zu seinem Kirchendiener: »Ich habe heute drei Gemeindemitglieder gesehen. Das Produkt ihrer Alter beträgt 2450. Kannst du mir sagen, wie alt sie sind?«
Der Kirchendiener: »Nein«.
Der Priester: »Wenn ich noch sage, daß die Summe ihrer Alter das doppelte des deinigen ist, kannst du dann antworten?«
Der Kirchendiener: »Immer noch nicht.«
Der Priester: »Also füge ich hinzu, daß die Älteste älter ist als ich.«
Der Kirchendiener: »Jetzt weiß ich genug.«
Angenommen, Priester und Kirchendiener sind gute Rechner, wie alt sind die Gemeindemitglieder?

31 Die Logik des Wissens

Simon und Paul sind zwei menschliche Wesen.
x und y sind zwei ganze Zahlen zwischen 2 und 99 einschließlich. Simon kennt von ihnen nur die Summe $s = x + y$, während Paul nur das Produkt $P = xy$ kennt. In dieser Situation versucht jeder, x und y herauszubekommen.
Simon sagt zu Paul: »Ich weiß noch nicht genug.«
Paul antwortet: »Ich auch nicht.«
Simon sagt: »Jetzt weiß ich genug.«
Darauf Paul: »Ich auch.«
Wie findet man ein Zahlenpaar, das diesen Dialog rechtfertigt?

32 Ein Dreieck

Da die Dreiteilung des Winkels mit Zirkel und Lineal allein unmöglich ist, hat sich die klassische Geometrie kaum für das Dreieck interessiert, das von den Winkeldreiteilenden eines beliebigen Dreiecks gebildet wird. Wie trigonometrisch gezeigt werden kann, ist es gleichseitig. Man kann das aber auch geometrisch beweisen. Wie?

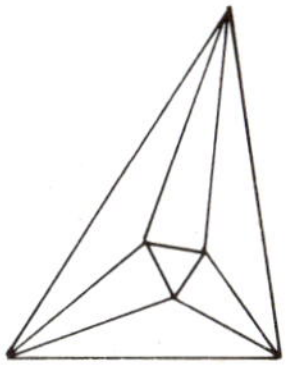

33 Teilbarkeit in der Geometrie

Ist 54 durch drei teilbar? In der Geometrie muß das nicht immer der Fall sein: Prüfen Sie es nach.
Aus diesem 56feldrigen Rechteck wurden 2 Felder entfernt,

so daß 54, eine durch 3 teilbare Zahl, übrigbleiben. Ist es möglich, die verbleibende Figur mit dreifeldrigen »Dominosteinen« lückenlos und überschneidungsfrei zu überdecken?

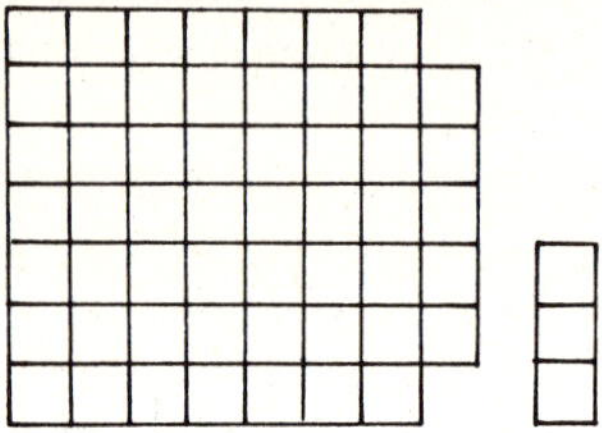

34 Tausend in Vieren

1000 kann auf viele verschiedene Arten als Summe vierer gerader ganzer Zahlen größer null dargestellt werden, z. B.:

$$1000 = 2 + 4 + 66 + 928.$$

1000 kann ebenfalls auf viele verschiedene Arten als Summe vierer ungerader Zahlen dargestellt werden, wie z. B.:

$$1000 = 1 + 3 + 5 + 991.$$

Von welcher dieser beiden Arten von Partitionen gibt es mehr: von denen mit geraden oder von denen mit ungeraden Summanden?

35 Wie viele Aufzüge?

Ein Hochhaus hat sieben Stockwerke und mehrere Aufzüge. Jeder Aufzug geht vom Erdgeschoß bis zur siebten Etage. Um Energie einzusparen, bedient jedoch jeder Aufzug

von den sechs dazwischen liegenden Stockwerken nur drei, ein Halt in den anderen dreien ist nicht möglich.
Wenn man es für notwendig hält, direkt von jeder Etage in jede andere kommen zu können, ohne den Aufzug wechseln zu müssen, wie viele Aufzüge müssen dann eingebaut werden und welche Stockwerke müssen sie bedienen?

36 Die Dame geht spazieren

Die Schach-Dame durchläuft hier ihr ganzes 8 × 8-Schachbrett und kehrt an ihren Ausgangspunkt zurück, wozu sie 16 Züge braucht. Ein derartiger geschlossener Weg, der am Ausgangsfeld endet, aber wo ein Feld auch öfter betreten werden darf, kann auch in 14 Zügen durchlaufen werden. Dieses Ergebnis ist das beste bisher bekannte. Wie kommt man dazu?

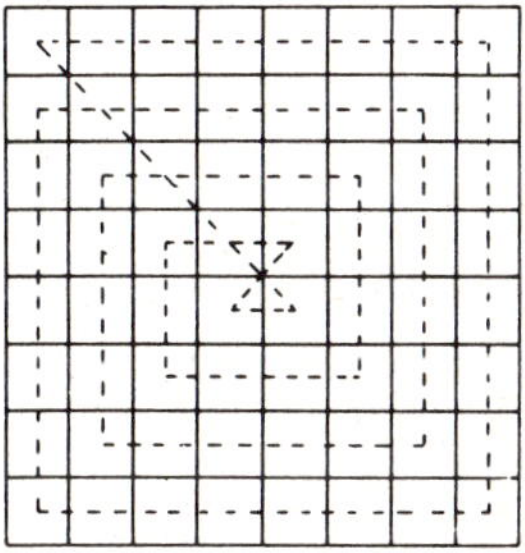

37 Der Algorithmus von Kaprekar

495 ist ein seltsamer Kulminationspunkt für dreistellige Zahlen.
Gehen wir beispielsweise von der Zahl 265 aus. Wir ordnen ihre Ziffern in absteigender Reihenfolge an, also 652, kehren diese um, 256, und subtrahieren die zweite von der ersten Zahl: 652 − 256 = 396.

Das gleiche für 396: 963 − 369 = 594.
Und für 594: 954 − 459 = 495.
Unabhängig von der Ausgangszahl ergibt sich immer 495.
Warum?

38 Wenn und nur wenn

Ein Chef möchte zweien seiner drei Angestellten eine Gehaltserhöhung gewähren. Die Angestellten heißen Anton, Bernhard und Christian. Es ist ihm gelungen, in einem Satz das logische Problem bei seiner Wahl auszudrücken:
Wenn und nur wenn »Anton oder Bernhard oder beide bekommen eine Gehaltserhöhung, Christian aber nicht«, dann »Anton bekommt die Gehaltserhöhung, und wenn Bernhard sie bekommt, dann auch Christian.«
Wer wird sich unter dieser Bedingung einer Gehaltserhöhung erfreuen dürfen?

39 Krummliniges Geheimnis

Krummlinig begrenzte Figuren sind viel geheimnisvoller als geradlinig begrenzte. Können Sie die Fläche dieses krummlinigen Vierecks berechnen, das durch die vier Viertelkreise mit Mittelpunkten in den Ecken des großen Quadrats gebildet wird?

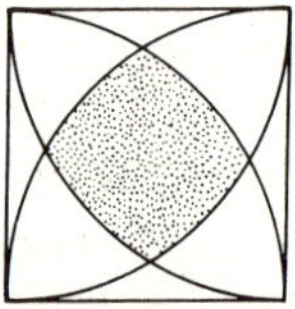

40 Die Wüste mit weniger Wasser

Nichts ist anregender für den Geist als das Durchqueren einer Wüste. Nach der Veröffentlichung von Aufgabe 1 und der Lösung bekam ich viele Briefe von Lesern, denen es gelungen war, bei einem Wasserverbrauch unter 15 Tagesrationen und mit weniger Leuten, die Fahne in der Wüste aufzustellen.
Können Sie diese Leistung nachvollziehen?

41 Division und Redundanz

Nur eine einzige Ziffer in dieser Divisionsaufgabe war nicht überflüssig.
Können Sie diese (aufgehende) Division aus der Kenntnis einer einzigen Ziffer rekonstruieren?

```
. . . . . . . . . . . . = . . 8 . .
 . . .
 ‾‾‾‾‾
   . . . .
    . . .
    ‾‾‾‾‾
      . . . .
      . . . .
      ‾‾‾‾‾‾‾
```

42 Das Zusammentreffen

Was passiert, wenn zwei Zylinder zusammentreffen? Die Symmetrieachsen zweier Zylinder mit Radius 1 befinden sich in derselben Ebene und stehen senkrecht aufeinander. Welches Volumen hat ihr Schnittkörper?

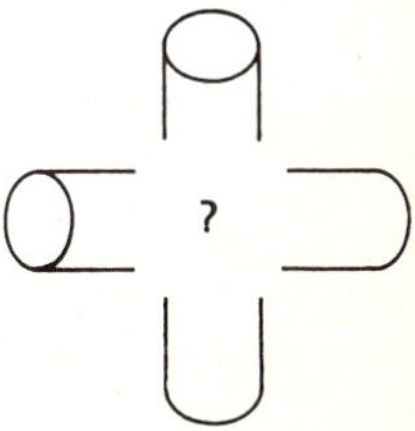

43 Ein bißchen Vorstellungsvermögen

Stellen Sie sich eine dreistellige Zahl vor, deren erste, zweite und dritte Ziffer die 100., 200. und 300. Dezimale von π sind.
Quadrieren Sie sie und verdoppeln Sie das Ergebnis. Dieses wiederum erheben Sie in die fünfte Potenz. Schließlich ziehen Sie das vorletzte Resultat vom letzten ab.
Können Sie, ohne Tafeln, Taschenrechner oder umfangreiche Rechnungen heranzuziehen, die letzte Ziffer des Subtraktionsergebnisses angeben?

44 Vater, Sohn und Pferd

Ein Vater und sein Sohn müssen 60 Kilometer zurücklegen.
Sie besitzen ein Pferd, das im Schnitt 12 Kilometer pro Stunde schafft. Aber da das Pferd höchstens eine Person tragen kann, müssen sie abwechselnd reiten und laufen. Der Vater läuft 6, der Sohn 8 Kilometer in der Stunde.
Wie lange brauchen sie, wenn sie das Ziel gemeinsam erreichen?

45 Archimedes und die Dreiteilung des Winkels

Die Dreiteilung des Winkels mit Zirkel und Lineal ist ein klassisches unlösbares Problem. Es handelt sich dabei nicht nur um einen Mißerfolg bei der Suche nach einer Konstruktion, sondern um die prinzipielle Unmöglichkeit einer solchen Konstruktion, die mit der Unmöglichkeit zusammenhängt, eine irreduzible Gleichung dritten Grades nur mit den vier Grundrechenarten und dem Ziehen der Quadratwurzel zu lösen.
Mit einem zusätzlichen Instrument wird die Lösung jedoch

möglich. Können Sie die Methode mit dem »archimedischen Papierstreifen« wiederentdecken?

46 Reizende Logik

Ein Logiker bemerkt, daß ihm eine seiner Wimpern ins Auge wächst und die Hornhaut reizt. Er reißt sie aus. Weil sich der Vorgang wiederholt, beschließt er, ihn zu untersuchen. Er beobachtet also, wann die Reizung jeweils auftritt: zwei Tage später, wieder zwei Tage später, dann in aufeinanderfolgenden Abständen von 5, 3, 1, 3, 4, 3, 3, 2, 2, 6, 1, 2 usw. Tagen.
Kann der Logiker bei der Annahme bleiben, daß eine Wimper gleichbleibend und regelmäßig wächst, und daraus eine genaue Erklärung des Geschehens ableiten?

47 Dem Zug entgegen

Ein Mann geht über eine eingleisige Eisenbahnbrücke. Gerade als er zwei Drittel der Brücke hinter sich hat, sieht er einen Zug mit 45 Stundenkilometern entgegenkommen. In dieser Situation kann er auf den Punkt genau entkommen, entweder indem er mit gleichbleibender Geschwindigkeit zum einen Ende der Brücke läuft, oder indem er mit derselben Geschwindigkeit zum anderen Ende läuft.
Können Sie, ohne Algebra und Gleichungen, diese Geschwindigkeit bestimmen?

48 Springerzüge

Auf diesem 3×3-Schachbrett gibt es 16 verschiedene Springerzüge (zwei von jedem der acht Randfelder).
Wieviele Springerzüge gibt es auf einem 7×9-Schachbrett, oder allgemeiner auf einem $p \times q$-Schachbrett?

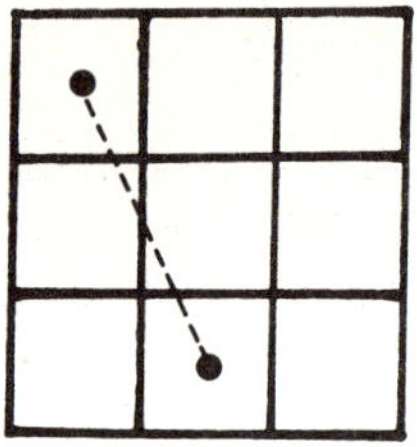

49 Spiele mit Würfeln

Aus mehreren kleinen, gleichgroßen Würfeln können entweder zwei Quadrate oder ein großer Würfel, dessen Kantenlänge die Differenz der Seitenlängen der Quadrate ist, zusammengesetzt werden.
Welches ist die minimale Anzahl an kleinen Würfeln, die man dazu benötigt? Wie lauten die übrigen Lösungen?

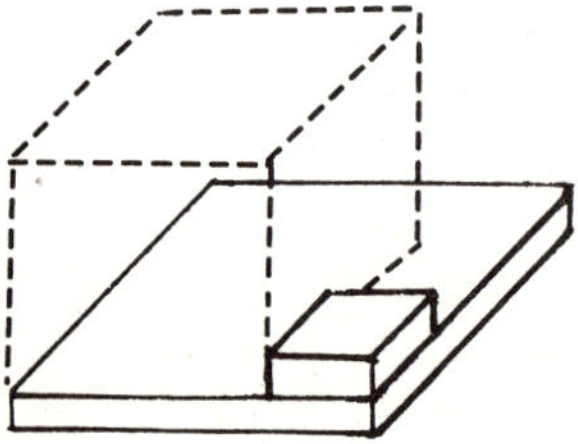

50 Testlogik

Wir wollen einen arithmetischen Ausflug zu der besonderen Logik der Intelligenz-Tests machen.
Hier ist der Beginn einer Folge:

$$\frac{1}{5}, \frac{1}{45}, \frac{1}{117}, \frac{1}{221}, \frac{1}{357}, \dots$$

Wenn die Glieder dieser Folge logisch aufeinanderfolgen, was wird dann der nächste Bruch sein?
Was ist die Summe der ersten dreizehn Glieder?

51 Magischer Würfel

Ein magisches Quadrat zu erstellen erfordert Sorgfalt und Zeit. Man muß unter $(2n + 2)$ Einschränkungen, nämlich der Gleichheit aller Zeilen-, Spalten- und Diagonalensummen, die ersten n^2 natürlichen Zahlen verteilen.
Die nächste Stufe des Geduldsspiels besteht darin, einen magischen Würfel zu konstruieren: Es müssen die ersten n^3 natürlichen Zahlen verteilt werden, wobei $(6n^2 + 4)$ Bedingungen zu beachten sind: Die Zeilen- und Spaltensummen in den einzelnen Ebenen, die Summe in den »Türmen« senkrecht übereinandergeschichteter Teilwürfel und die Summen in den vier Raumdiagonalen müssen gleich sein. Können Sie unter diesen Bedingungen den $3 \times 3 \times 3$-Würfel mit den Zahlen von 1 bis 27 füllen?

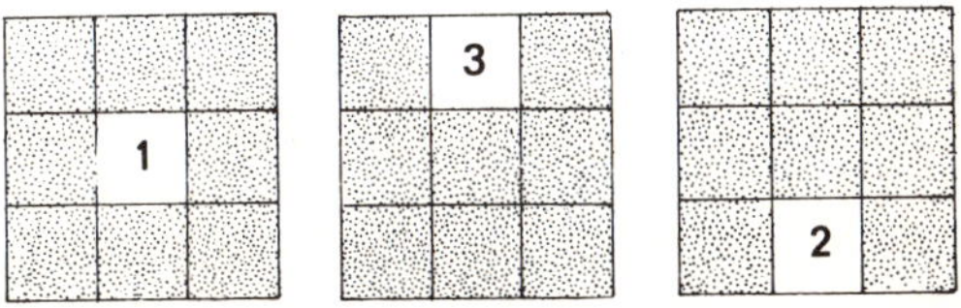

52 Drei Zirkelschläge

Die Konstruktion des geometrischen Mittels ist eine der klassischsten, die es gibt, und läßt sich auch schnell durchführen.
Aber können Sie sie auch so sparsam wie möglich durchführen? Wenn die Längen a und b geeignet auf einer Geraden abgetragen sind, läßt sich das geometrische Mittel durch drei Zirkelschläge bestimmen.
Wie?

53 Fortsetzung folgt

1, 2, 3, 4, 5, ...
Welche Zahl folgt als nächstes?
Wenn diese Art von Fragen in Intelligenz-Tests angetroffen wird, läßt sie den Erfindungsgeist erschaudern, der meist mehrere gleichermaßen plausible Lösungen vorzuschlagen hat. Außer natürlich in einfachen Fällen wie diesem, wo die Folge unwiderstehlich nach der 6 verlangt.
Und dennoch! Ein Nachschlagewerk für ganzzahlige Folgen enthält nicht weniger als 24 verschiedene Folgen, die alle mit 1, 2, 3, 4, 5 beginnen. Manche stimmen sogar weiter als bis zum zehnten Glied mit der Folge der natürlichen Zahlen überein.
Können Sie wenigstens sechs davon angeben?

54 Fünf Faltungen

Wie kann man mit fünf Faltungen und ohne sonstige Hilfsmittel auf einem quadratischen Blatt Papier ein kleineres Quadrat erzeugen, dessen Fläche drei Viertel der Papierfläche beträgt?

55 Neun Geraden und 21 Dreiecke

Auf diese Weise regelmäßig angeordnet, bestimmen neun Geraden nur neun Dreiecke (es werden nur Dreiecke gezählt, die sich nicht überschneiden). Es ist aber möglich, die Ausbeute erheblich zu verbessern: Neun Geraden können mindestens 21 sich nicht überschneidende Dreiecke erzeugen.

56 Ein Würfel aus Ziegeln

Man besitzt 27 quaderförmige Ziegelsteine mit den Abmessungen 2 × 1 × 0,5. Man möchte sie zu einem Würfel mit Kantenlänge 3 zusammensetzen.
Ist das möglich und wenn ja, wie?

57 Schuß aufs Tor

Ein Fußballspieler läuft mit dem Ball längs der Seitenlinie auf das gegnerische Tor zu. Welcher Punkt auf dieser Linie ist für den Schuß am günstigsten, d. h.: Von welchem Punkt aus erscheint das Tor unter dem größten Winkel? Das Feld sei 100 Meter lang, 70 Meter breit, und die Tore haben eine Breite von 7,32 Metern.

58 Die Männer der anderen

n Ehepaare befinden sich am Ufer eines Flusses und möchten ihn gerne überqueren. Sie haben ein Boot zur Verfügung, das höchstens (n − 1) Personen gleichzeitig aufnehmen kann.
Die Logik der Situation verlangt, daß eine Frau zu keinem Augenblick im Boot oder an einem Ufer alleine ohne ihren Mann sein darf, wenn andere Männer dabei sind (auch wenn diese von ihren Frauen begleitet werden).
Vorausgesetzt, n ist größer oder gleich 7, wie viele Überquerungen sind dann nötig?

59 Folgen mit Lücken

Es gibt eine ganz beachtliche Anzahl verschiedener plausibler Folgen natürlicher Zahlen, die mit 1, 2, 3, 4, 5 beginnen (wie Aufgabe 53 gezeigt hat). Herr Carmagnole geht diesbezüglich noch weiter, indem er uns schreibt: »Man kann beliebig viele Folgen natürlicher Zahlen finden, die mit der Folge der natürlichen Zahlen bis zum 10., 100., bis zu einem beliebigen Glied übereinstimmen und doch früher oder später nach der letzten vorgegebenen Zahl, so groß diese auch sein mag, eine ›Lücke‹ enthalten.«
Wie kann man diese Folgen auf einfache Weise definieren? (Formulierungen wie »alle natürlichen Zahlen außer 53« sind natürlich nicht erlaubt.)
Welche Folge beispielsweise beginnt mit 1, 2, 3, 4, 5, 6, 7, 8, 9, 10, 11, 12 und enthält nicht die Zahl 13?

60 Kniffliges

Ein gegebenes Quadrat, beispielsweise mit 4 × 4 Feldern, soll nach folgenden Regeln mit Zahlen gefüllt werden:

– Jedes Feld erhält eine andere natürliche Zahl größer 1;
– Die Zahlen in Feldern mit gemeinsamer Kante haben einen gemeinsamen Teiler größer 1;
– Die Zahlen in Feldern mit gemeinsamer Ecke sind teilerfremd.

Es ist möglich, ein Quadrat dieser Art vollständig zu füllen. Wir wollen sie, da das Wort »magisch« schon besetzt ist, »kniffligeb« Quadrate nennen. Was sind die kleinsten natürlichen Zahlen, die für ein solches Quadrat verwendet werden können?

61 Kreise und die Wurzel aus sieben

Zumindest in der Geometrie ist der Kreis allmächtig und verdient Bewunderung, wenn nicht Verehrung. Für die Geometrie Treibenden, die von der Schönheit des Kreises besessen sind, hat Quimper de Lanascol in seinem umfangreichen Werk über die Zirkelgeometrie, also die mit dem Zirkel allein durchführbaren Konstruktionen, das Wort »Zyklolatrie« erfunden. Eine recht hübsche Aufgabe ist es, ausgehend von der Einheitslänge, die Länge $\sqrt{7}$ zu konstruieren. Schaffen Sie das nur mit vier Zirkelbögen und ohne Lineal?

62 Ziffern für Zahlen

Wir wollen uns eine Aufgabe lang mit den Sorgen der heute fast ausgestorbenen Zunft der Typographen befassen.
Man braucht elf Ziffern, um alle Zahlen von 1 bis 10 aufzuschreiben, und 192 Ziffern für die Zahlen von 1 bis 100.
Allgemein: Wie viele Ziffern braucht man, um die Zahlen von 1 bis N aufzuschreiben, wenn N m-stellig ist?

63 Gerade, ungerade und Bauern

Man verfügt über irgendein n × n-Schachbrett, auf dem, wie beim normalen Schachbrett, das Feld links unten schwarz ist. Man stellt darauf n Bauern auf, so daß in keiner Spalte oder Zeile mehr als ein Bauer steht.
Ist die Zahl der Bauern auf weißen Feldern immer gerade, immer ungerade, oder ist beides möglich?

64 Kniffliges und Antikniffliges

Ausgehend von den kniffligen Quadraten (Aufgabe 60) hat Michel Criton eine weitere »antiknifflige« Spielart dieser Quadrate erfunden, indem er die beiden Hauptregeln vertauschte: Teilerfremde Zahlen in Feldern mit gemeinsamer Kante und Zahlen mit gemeinsamem Teiler größer 1 in Feldern mit gemeinsamer Ecke. Seine kleinste Lösung lautet:

115	52	33	56
26	15	28	99
51	14	45	76
112	156	38	135

Geht es auch mit Zahlen unter 156?

65 Ein Stern als Quadrat

Es ist möglich, diesen achtzackigen Stern in acht Teile zu zerschneiden, aus denen man ein Quadrat zusammensetzen kann. Finden Sie eine symmetrische Lösung.

66 Ein Volk von Streichhölzern

Die Kunst, Streichhölzer zu verbinden, führt zu interessanten Abzählaufgaben, die Sorgfalt und Methode erfordern. Mit einer gegebenen Anzahl von Streichhölzern werden ebene Graphen gelegt, wobei

- jedes Streichholz wenigstens ein anderes mit einem Ende an einem Ende berührt;
- es nur auf diese Kontakte zwischen den Streichhölzern ankommt, nicht auf ihre genaue Lage.

Nach diesen Regeln gibt es bei drei Streichhölzern nur drei Möglichkeiten der Verbindung, bei vier Hölzern fünf. Wie viele gibt es bei fünf, sechs, sieben, acht, ... Hölzern?

67 Magie mit Primzahlen

8	1	6
3	5	7
4	9	2

Dieses aus neun aufeinanderfolgenden natürlichen Zahlen gebildete magische Quadrat ist das kleinstmögliche. Bis auf Symmetrie ist es das einzige dieser Größe. Alle seine Zeilen-, Spalten- und Diagonalensummen betragen 15.
Wir wollen diese »normalen« natürlichen Zahlen nun durch Primzahlen ersetzen.
Wie sieht das aus kleinstmöglichen Primzahlen gebildete magische Quadrat aus?

68 Konstruktive Faltungen

Papier allein hat die Besonderheit, gleichzeitig Träger und Instrument der ebenen Geometrie zu sein. Ein Falz ist von vorneherein geradlinig und bestimmt somit eine Gerade. Auf diese Weise kann man Verschiedenes auf dem Papier konstruieren.
Wie kann man auf einem quadratischen Stück Papier allein durch Falten ein regelmäßiges Sechseck erzeugen?

69 Vier mit fünf und drei

Ein klassisches Problem besteht darin, ausgehend von einem vollen 8 Liter fassenden Behälter und zwei Behältern von 3 und 5 Litern, die beste Möglichkeit zu finden, 4 Liter abzumessen.
Können Sie durch eine systematische und elegante Lösung das Probieren umgehen?

70 Nennen Sie den Preis

1977 gab es jeden Morgen im französischen Rundfunk eine Sendung, in der die Zuhörer einen Gegenstand gewinnen konnten, dessen Art bekanntgegeben wurde, aber nicht die Marke. Zehn Hörer sollten nacheinander versuchen, den Preis (einen ganzzahligen Franc-Betrag) zu erraten. Nach jedem Versuch wurde mitgeteilt, ob der genannte Preis richtig, zu hoch oder zu niedrig war. Der erste Hörer, der den richtigen Preis getroffen hatte, gewann den Gegenstand.

Es gibt nun aber eine Strategie, die einen fast sicheren Gewinn ermöglicht, wenn ein Einziger die zehn Fragen stellt, oder wenn die zehn Spieler zusammenarbeiten. Können Sie so eine Strategie entwickeln?

71 Die Newtonschen Ochsen

Die Überlieferung schreibt Newton dieses interessante Problem zu, dessen Lösung keinerlei Differentialrechnung erfordert.

75 Ochsen brauchen zwölf Tage, um das Gras einer 60 Ar großen Weide abzuweiden, während 81 Ochsen auf einer Weide von 72 Ar dafür 15 Tage benötigen. Wie viele Ochsen braucht man, um eine Weide von 96 Ar in 18 Tagen abzuweiden?

(Nimm an, daß das Gras gleichmäßig wächst, und daß es zu Beginn auf allen drei Weiden die gleiche Höhe hat.)

72 Sechzehn gleich fünfzehnmal vier

R. Berteloot gelang es, 16 Punkte so in der Ebene zu verteilen, daß dabei gleichzeitig 15 Anordnungen von vier Punkten auf einer Geraden entstehen. Hier ist eine seiner Lösungen. Können Sie eine weitere konstruieren?

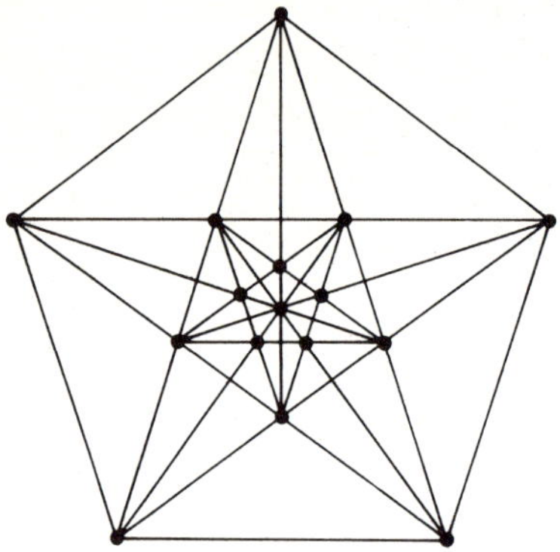

73 Verstümmelte Würfel

Kennen Sie die Polyeder, diese privilegierten Körper, die den Raum aufbauen? Trotz seiner Einfachheit ist der Würfel ein an verschiedenen Symmetrien reicher Polyeder. Außer den Symmetrieebenen besitzt er

- 6 Symmetrieachsen der Ordnung 2;
- 4 Symmetrieachsen der Ordnung 3;
- 3 Symmetrieachsen der Ordnung 4.

Machen Sie keine Zeichnung. Stellen Sie sich im Geiste vor, was aus diesen Achsen unter dem Einfluß verschiedener Verstümmelungen wird. Welche bleiben übrig, wenn man

1. eine Ecke abschneidet, so daß dort ein gleichseitiges Dreieck entsteht?

2. zwei diametral gegenüberliegende Ecken auf diese Weise gleichartig abschneidet?
3. vier einander nicht benachbarte Ecken auf diese Weise gleichartig abschneidet?

74 Sprünge von Spielsteinen

Zwölf numerierte Felder sind auf einem Kreis angeordnet. Zu Beginn werden vier mit A, B, C, D bezeichnete Spielsteine auf die Felder 1 bis 4 gesetzt.
Ein Stein zieht, indem er vier Felder überspringt, die frei oder besetzt sein können, und dann auf das fünfte, das frei sein muß, gesetzt wird.
Nach einer gewissen Anzahl von Zügen befinden sich die vier Spielsteine wieder auf den Ausgangsfeldern, in derselben Anordnung wie zu Beginn oder in einer anderen.
Wie viele verschiedene solcher Anordnungen sind möglich?

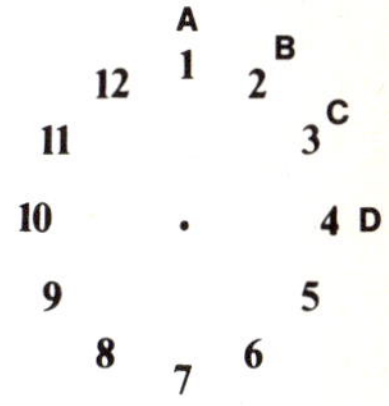

75 Antikniffliges und Magie

Verträgt sich die Magie mit Antikniffligem, wie es in Aufgabe 64 definiert wurde? Es gibt mindestens ein 4 × 4-Quadrat aus natürlichen Zahlen, bei dem

- Zeilen-, Spalten- und Diagonalensummen gleich sind;
- Zahlen in Feldern mit gemeinsamer Kante teilerfremd sind;
- Zahlen in Feldern mit gemeinsamer Ecke einen gemeinsamen Teiler größer 1 haben.

Wir wollen ein solches Quadrat »überknifflig« nennen. Finden Sie eines?

76 Schwarze und weiße Punkte

Hier ist eine Möglichkeit gezeigt, 10 Punkte so zu verteilen, daß sich fünf Geraden mit je zwei weißen und schwarzen Punkten ergeben.
Wie muß man 21 Punkte verteilen, damit sich 14 Geraden mit je zwei weißen und schwarzen Punkten ergeben?

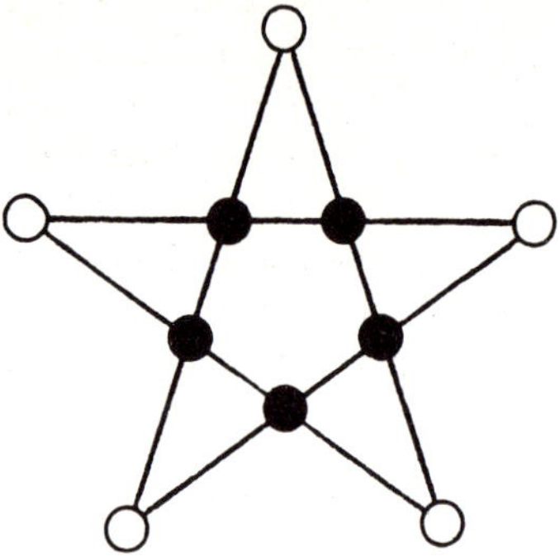

77 Das Weihnachtsessen

Weihnachten und Neujahr sind jedes Jahr für sechs Brüder aus einer bestimmten Familie die beiden traditionellen Gelegenheiten, zusammen mit ihren Frauen zu speisen. Diese Mahlzeiten werden stets am selben runden Tisch eingenommen, wobei die Brüder in der Reihenfolge ihres Alters immer auf denselben Plätzen sitzen, zwischen sich jeweils einen Stuhl freilassend. Auf diese Stühle setzen sich die Ehefrauen, aber so, daß keine von ihnen neben ihrem Mann sitzt.
Wie viele Jahre dauert es, bis alle Anordnungsmöglichkeiten vorgekommen sind, wenn sich die Frauen jedesmal in einer anderen Anordnung setzen?

78 Fehlerfreie Würfel

Das Zusammenfügen von Würfeln bildet ein grenzenloses Universum, in dem die Probleme beliebig kompliziert sein können.
In einem »einfachen« Problem stellt man sich die Aufgabe, aus L-förmigen, aus drei Würfeln zusammengesetzten Steinen einen 3 × 3 × 3-Würfel zusammenzufügen.
Die folgende Figur beschreibt eine Lösung. Ein Punkt bedeutet auf den aufeinanderfolgenden »Schichten« (die unterste ist links), daß sich ein Stein nach oben hin fortsetzt. Aber diese Lösung hat einen »Fehler«: Gewisse Paare von Steinen sind so ineinandergefügt, daß sie sich beide in einer waagerechten oder senkrechten Schicht befinden. (Im Beispiel sind es 3: In der unteren, der oberen und der linken Schicht.)
Läßt sich dieser Fehler korrigieren?

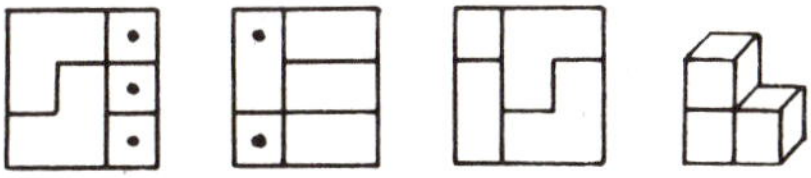

79 Wieviel Uhr ist es?

Wie vielen Uhren gleichzeitig kann man mit zwei Ohren folgen?
Der Gang zweier Uhren unterscheidet sich um höchstens drei Sekunden. Sie schlagen zur gleichen Zeit die gleiche Stunde. Die eine Uhr schlägt alle vier, die andere alle fünf Sekunden. Zwei Schläge verschmelzen für das Ohr zu einem, wenn sie in einem Abstand von höchstens einer Sekunde ertönen.
Wieviel Uhr ist es, wenn man insgesamt 13 Schläge hört?

80 Jenseits des Durstes

Wir führen einen harten – aber theoretischen – Kampf gegen den Durst. Es geht nach wie vor darum, vier Tagesmärsche vom Rand einer Wüste entfernt eine Fahne aufzustellen. Die Zahl der Begleiter ist freigestellt, aber jeder kann nur fünf Tagesrationen Wasser mitnehmen.
Nach einer Lösung mit 20 Rationen, dann einer besseren mit 14 sind Sie nun aufgefordert, es noch besser zu machen und noch einige Rationen einzusparen.
Dazu müssen Sie ein leichtes Vorurteil überwinden.
Wird es Ihnen gelingen?

81 Bilderteilung

Drei Spieler teilen einen Satz von 52 Spielkarten unter sich auf. Sie teilen ihn zufällig in drei Stöße. Jeder nimmt einen davon, wobei der Dritte den kleinsten bekommt. Als sie ihre Karten anschauen, bemerken die beiden ersten, daß die Wahrscheinlichkeit ½ ist, aus ihrem Paket zwei Karten zu ziehen, die keine Bildkarten (Bube, Dame, König) sind.
Wie viele Bildkarten hat der dritte Spieler?

82 Faltungen, nichts als Faltungen

Das Falten von Papier eröffnet viele Möglichkeiten zu geometrischen Konstruktionen, obwohl man auf diese Weise nur Winkelhalbierende oder Mittelsenkrechte einer Strecke bestimmen kann (siehe auch Aufgabe 68).
Die Abbildung zeigt eine Möglichkeit, auf einem quadratischen Papier ein regelmäßiges Achteck entstehen zu lassen. Das Papier wird zweimal in der Mitte gefaltet, jedes der entstehenden Vierecke wird in zwei gleichschenklig-rechtwinklige Dreiecke zerlegt. Die Winkelhalbierenden der bei-

den 45°-Winkel ergeben die Seiten des Achtecks: Offensichtlich sind sie gleich lang, und man rechnet nach, daß alle Winkel gleich 135° sind.
Finden Sie noch eine weitere, vollkommen andere Methode, auf einem quadratischen Papier durch Falten ein regelmäßiges Achteck zu konstruieren?

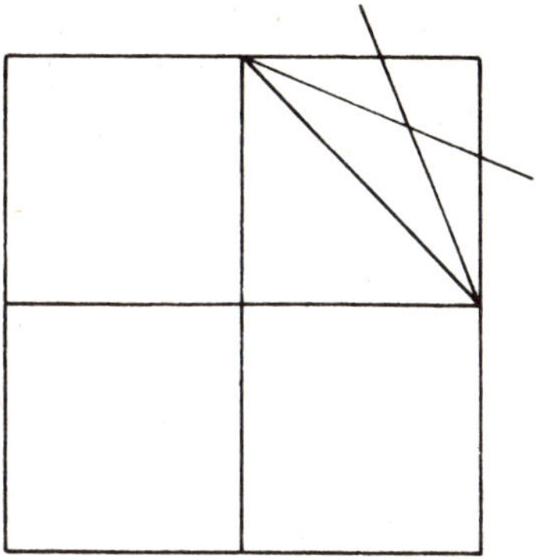

83 Wer ist der Schuldige?

Drei Verdächtige machen folgende Aussagen:

A: B ist der Schuldige.
B: A hat eben gelogen.
C: A ist der Schuldige.
A: Die nächste Aussage von C ist wahr.
B: Die letzte Aussage von A ist falsch.
C: Die beiden Aussagen von A sind falsch.

Wer ist der Schuldige?

84 Eine falsche Unbekannte

	A	B	C	X
	D	E	C	D
	B	B	C	D
+	C	A	C	X
	X	X	X	X

In dieser Addition von vier vierstelligen Zahlen vertritt jeder Buchstabe eine andere Ziffer. Es hat sich jedoch ein Irrtum eingeschlichen: Ein Buchstabe ist falsch.
Welcher?

85 Die praktische Dreiteilung

Nichts ließ im 19. Jahrhundert die Fülle der Möglichkeiten erahnen, die uns heute zur Verfügung stehen, um Kurven zu zeichnen und die kompliziertesten geometrischen Konstruktionen zu verwirklichen. Arm dran waren die Mathematiker deswegen damals aber nicht: Sie besaßen »Gelenkapparate«. Seltsame Konstruktionen aus Stangen, Gleitmechanismen und Gelenken teilten Strecken oder Winkel oder invertierten Kreise. Hier ist z. B. das Rhomboid, das Roberts 1871 zur Winkelhalbierung erfand (die langen und die kurzen Stangen haben jeweils gleiche Länge).
Können Sie ein einfaches Gerät zur Winkeldreiteilung wiederentdecken?

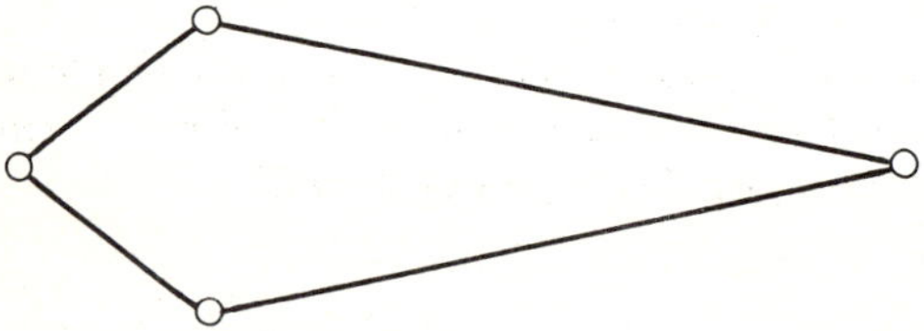

86 Die Klötzchen

Ein »Klötzchen« sei ein aus zwei Würfeln zusammengesetzter Quader. Wir wollen solche Klötzchen zusammenfügen, wobei aber jedes der Klötzchen die übrigen mit mindestens einer ganzen (quadratischen oder rechteckigen) Seitenfläche berühren soll.
Zwei Klötzchen kann man dann nur auf zwei Arten zusammenfügen.
Wie viele Möglichkeiten gibt es, drei Klötzchen zusammenzufügen?

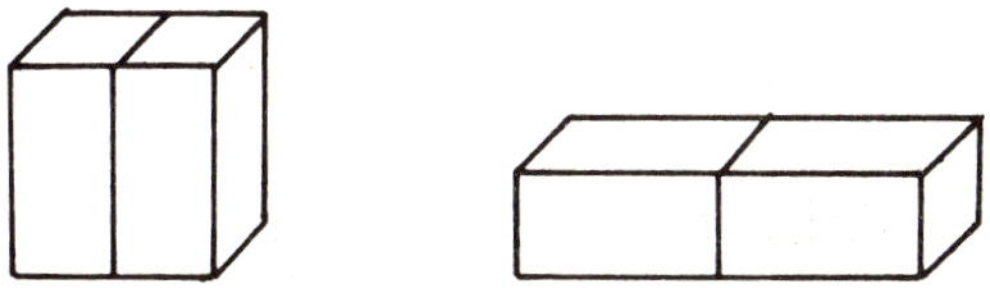

87 Schach mit Farben

Die Felder des Schachbretts sollen gefärbt werden. Wie viele Farben sind nötig, wenn der König bei jedem Zug ein andersfarbiges Feld betreten soll?

88 Die Kette sprengen

Man hat eine Kette aus 23 Gliedern.
Wie viele Glieder muß man öffnen, damit man alle Kettenlängen von 1 bis 23 Gliedern durch Zusammenfügen eines oder mehrerer Teilstücke erreichen kann?

89 Was soll man damit machen?

Dieses Gerät erlaubt die Lösung eines bestimmten geometrischen Problems. Wie benutzt man es? Um welche geometrische Konstruktion handelt es sich?
Die Kurve ist ein Kreis mit Mittelpunkt C, die Strecken AB, BC und CD sind gleich lang. Je länger der senkrechte Arm ist, desto nützlicher ist das Gerät.

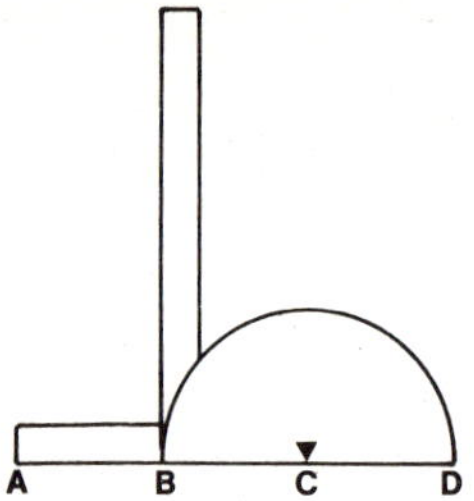

90 Palindromische Magie

Eine palindromische Zahl ist eine Zahl, die vorwärts wie rückwärts gelesen gleich lautet, z. B.: 22, 747 oder 5473672763745.
Ist es möglich, aus der 11 und den 24 ihr folgenden palindromischen Zahlen ein magisches Quadrat zu bilden, d. h. ein Quadrat, dessen Zeilen-, Spalten- und Diagonalensummen gleich sind?

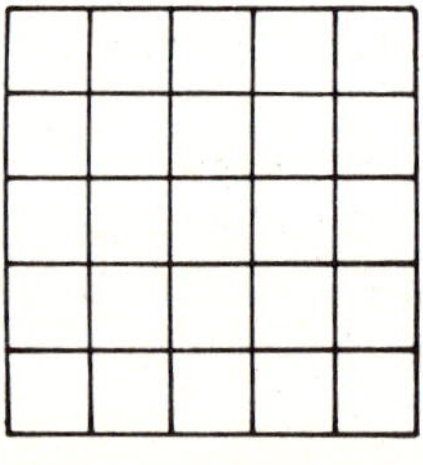

91 Ein Kreuz und ein Quadrat

Dieses ungewöhnliche Kreuz hat eine interessante Eigenschaft: Es kann in acht Teile zerschnitten werden, die sich zu einem Quadrat zusammensetzen lassen. Wird Ihnen das gelingen?

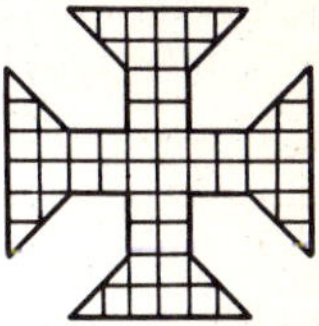

92 Jedem seine Kreuzchen

Zwei Spieler spielen auf neun Feldern gegeneinander. Jeder besetzt, wenn er an der Reihe ist, Felder, indem er dort Kreuze zeichnet: Ein, zwei oder drei Felder, ganz nach Belieben, die zu einer Zeile oder Spalte gehören, aber nicht unbedingt nebeneinander liegen müssen.
Sieger ist, wer das letzte freie Feld besetzt.
Gibt es unter diesen Bedingungen eine Gewinnstrategie? Wenn ja, für welchen Spieler?

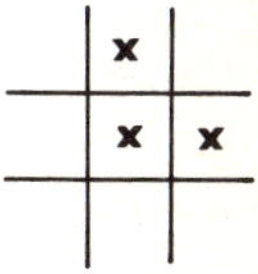

93 Noch einmal die Dreiteilung

Kehren wir zur Dreiteilung des Winkels zurück. Herr Lanfranchi und seine Schüler haben uns darauf aufmerksam gemacht, daß der in Aufgabe 89 vorgestellte Apparat niemals für alle Winkel geeignet sein kann, egal wie lang sein senkrechter Arm ist.
Sie schlagen einen neuen Apparat vor, der für alle Winkel geeignet ist, und aus nur sieben Stangen und sechs Gelenken zusammengesetzt ist.
Können Sie ihn wiederentdecken?

94 Kreuz und Symmetrie

Wir wollen uns noch einmal mit dem Kreuz aus Aufgabe 91 beschäftigen, auch diesmal, um es durch Zerschneiden in ein Quadrat zu verwandeln, aber unter einer anderen Bedingung. Statt einer Zerlegung in möglichst wenig Stücke geht es uns diesmal darum, eine symmetrische Zerlegung zu finden.
Ist dies möglich?

95 Der Sonntag des Jahrhunderts

Der 1. Januar 1978 fiel auf einen Sonntag. Was wird unter diesen Bedingungen zu Beginn des kommenden Jahrhunderts der Fall sein und, allgemein, mit welcher Wahrscheinlichkeit fangen die Jahrhunderte im gregorianischen Kalender mit einem Sonntag an?

96 Die roten Bilder

Sie spielen Bridge. Was ist nach der Verteilung der Karten (jeder der vier Spieler bekommt 13 der 52 Karten) wahrscheinlicher?

1. Sie und Ihr Partner haben zusammen alle roten Bildkarten und alle Dreier, Sechser und Neuner;
2. Sie und Ihr Partner haben keine dieser Karten.

97 Die Fläche des Pokals

Sind krummlinig begrenzte Flächen schwieriger zu berechnen? Herr D. Lanfranchi hat diese hier zur Berechnung vorgeschlagen; sie wird von zwei sich schneidenden Kreisen mit gleichem Radius gebildet, deren Mittelpunkte zwei Eckpunkte eines Quadrats sind. Für die Berechnung der schattierten Fläche werden Sie sicher nur ein paar Zeilen benötigen.

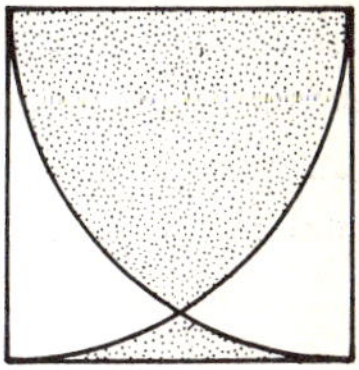

98 Ganze Dreiecke

Dieses berühmte Dreieck ist rechtwinklig und seine Seiten sind ganzzahlig. Kann man diese Eigenschaft der ganzzahligen Seiten beibehalten, eventuell unter Aufgabe des rechten Winkels, wenn man eine zusätzliche Bedingung erfüllen will: Die Summe der drei Seitenlängen soll gleich der Fläche des Dreiecks sein?

99 Cogonote

Ein Graveur sollte die Buchstaben des Wortes OCTOGONE (frz. Achteck) im Uhrzeigersinn an den Ecken eines Achtecks eingravieren. Er hat jedoch bei dieser Arbeit die Reihenfolge der Buchstaben durcheinander gebracht.
Wo sollte das Wort ursprünglich beginnen, wenn die Angabe, wie viele Buchstaben am richtigen Platz sind, die Lösung dieser Frage erlaubt?

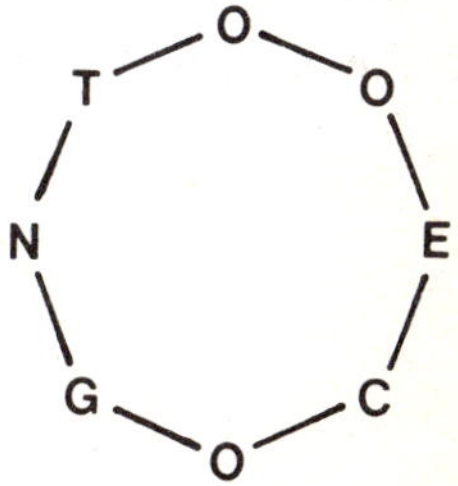

100 Gefäße

Man hat zwei Gefäße, die 3 bzw. 5 Liter fassen, beide sind mit Wasser gefüllt. Durch einfaches Umgießen und ohne einen weiteren Behälter zu Hilfe zu nehmen, möchte man 4 Liter Wasser in einem dritten, leeren Gefäß erhalten, das selbst mehr als 4 Liter faßt.
Welches Fassungsvermögen muß dieses letzte Gefäß haben?

101 Ein recht langsamer Schriftsteller

Ein Schriftsteller hat eine seltsame Angewohnheit: Je weiter er bei einem Werk vorankommt, desto langsamer schreibt er. Wenn er an einem Buch arbeitet, verhält sich seine »Tagesproduktion« proportional zu der Anzahl der noch zu schreibenden Seiten. Bei einem bestimmten Buch braucht er auf diese Weise für die erste Seite zehn Tage und für die letzte Seite 50 Tage.
Wie viele Seiten hat das Buch und wie lange braucht er, um es zu schreiben? (Die Zahl der verbleibenden Seiten wird jeweils zur nächsthöheren ganzen Zahl gerundet.)

102 Schwarz und Weiß auf einer Linie

Wir wollen das Problem von Aufgabe 76 weiterverfolgen: Dort sollten 21 Punkte so angeordnet werden, daß 14 Geraden mit jeweils zwei schwarzen und zwei weißen Punkten entstehen, aber ohne daß schwarze und weiße Punkte symmetrisch verteilt waren.
Fällt Ihnen eine symmetrische Lösung ein?

103 Weitere Anordnungen

Wir wollen uns noch ein bißchen bei den Anordnungen von weißen und schwarzen Punkten aufhalten (Aufgaben 76 und 102). Mit nur einem zusätzlichen Punkt, also insgesamt 22, kann man 21 Geraden mit je zwei schwarzen und zwei weißen Punkten bekommen.

104 Wieder einmal die Dreiteilung

In vorangegangenen Aufgaben (85, 89 und 93) wurden mehrere Geräte beschrieben, mit denen man einen Winkel dreiteilen kann. Nach ihrem Erscheinen schrieb mir J. Garigue, daß das Problem nicht auf Laisant und das 19. Jahrhundert zurückgeht, wie es die neuere Literatur zu diesem Thema glauben macht, sondern mindestens auf das 18. Jahrhundert, denn es wurde vom Marquis de l'Hopital gelöst und posthum 1720 veröffentlicht in seinem Werk ›Traité Analytique des Sections Coniques et de leur Usage pour la Résolution des Equations dans les Problèmes tant déterminez qu'indéterminez‹ (kurz etwa: Kegelschnitte und wie man sie bei der Lösung von Gleichungen benutzen kann). Im »Problème VI« geht es darum, »einen gegebenen Winkel mit Hilfe eines Instruments in eine beliebige ungerade Zahl gleicher Teile zu teilen«. Es handelt sich tatsächlich um ein Gerät, das zunächst einfach die Dreiteilung ermöglicht. Durch eine kleine Veränderung wird auch die Teilung durch fünf möglich, ebenso die Teilung durch sieben, usw.

Finden Sie so ein Gerät, das ausschließlich aus Stangen, Gelenken und Gleitmechanismen besteht?

(Es geht hier um einen anderen Aspekt als bei dem letzten hier vorgestellten Apparat.)

105 Zufällig die weiße Karte

Ich lege drei Karten in einen Hut. Eine hat zwei weiße Seiten, eine zwei rote und die dritte eine weiße und eine rote Seite.
Ich ziehe mit geschlossenen Augen eine Karte und lege sie, ohne sie anzusehen, auf den Tisch. Wenn ich die Augen öffne, stelle ich fest, daß die Oberseite weiß ist. Aus dieser Beobachtung schließe ich, daß die Chancen 1 : 1 stehen, daß es sich um die erste oder um die dritte Karte handelt. Ich wette mit Ihnen 4 Mark gegen 3 Mark, daß die andere Seite weiß ist.
Wer von uns beiden riskiert mehr?

106 Kreis ohne π

Schauen Sie sich die drei grauen Flächen gut an: Jacques Mayer hat π dort eingesperrt. Es ist tatsächlich möglich, das, was übrigbleibt, in sechs Stücke zu schneiden, die sich zu einem regelmäßigen Sechseck zusammensetzen lassen, das auf ähnliche Weise in ein Quadrat umgewandelt werden kann. Ebenso ist es möglich, sechs verschiedene Teile so zu erhalten, daß man daraus ein Rechteck mit den Seitenlängen $\frac{3}{2}$ und $\sqrt{3}$ herstellen kann. Wie?

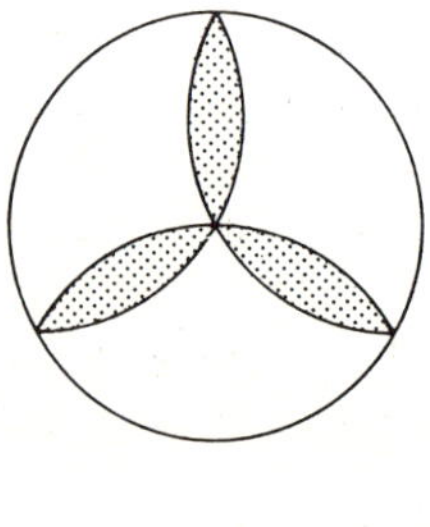

107 Auf dem Weg zur Eins

0,846153846153846153 8 ... und
0,153846153846153846 1 ...
sind zwei Dezimalbrüche, bei denen sich dieselben Zifferngruppen bis ins Unendliche wiederholen.
Wenn man einander entsprechende Dezimalen addiert, erhält man jedesmal 9. Kann man daraus schließen, daß die Summe der beiden Zahlen genau 1 ergibt?

108 Elliptisches Unglück

Im täglichen Leben ist die Ellipse recht wenig verbreitet. Gerade und Kreis herrschen vor.
Es gibt jedoch in fast allen Haushalten ein Gerät (wenn auch nicht zur Verwendung in der Küche), mit dem man Ellipsen erzeugen kann. Obwohl das nicht seine normale Funktion ist, beschreiben die meisten seiner Punkte genau einen Teil einer elliptischen Bahn, sobald es fehlerhaft funktioniert und ein bestimmtes kleines Unglück geschieht.
Um welches Gerät und welches Unglück handelt es sich?

109 Die reine Fortbewegung

Normalerweise bewegt sich ein Schiff im Wasser fort, indem es sich auf etwas stützt, bzw. sich davon abstößt:

- auf das Wasser, wenn es durch Schraube oder Ruder angetrieben wird;
- auf den Wind, wenn es Segel benutzt;
- auf den Boden, wenn es vom Ufer aus gezogen wird.

Aber kann sich ein Schiff auch ohne dergleichen Unterstützung vorwärtsbewegen? Stellen Sie sich vor, Sie befinden sich in einem vollkommen geschlossenen Boot, auf ruhigem Wasser, ohne Wind und ohne Strömung: Können Sie es in Bewegung setzen?

110 Punkte und Linien

Diese Zeichnung zeigt den bisher bekannten Rekord bei der Anordnung von 21 Punkten: Es treten dort elf Geraden mit je fünf Punkten auf. Man bemerkt jedoch sofort einen Mangel: Vier Schnittpunkte sind nutzlos: Sie tragen keinen Punkt, der die Ausbeute verbessern könnte. Es war also vorauszusehen, daß man es besser machen kann, und das ist auch geschehen: Eine neue Anordnung von 21 Punkten in der Ebene wurde gefunden, die zwei Vorteile hat:

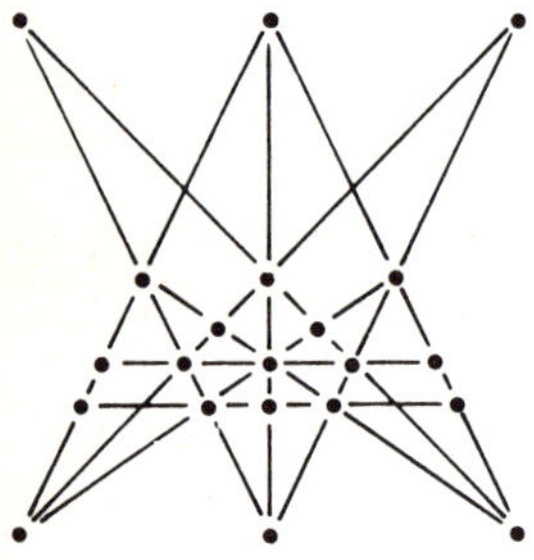

1. Es gibt dort 12 Geraden mit je fünf Punkten.
2. Alle Schnittpunkte werden benutzt.

Welche Anordnung ist das?

111 Die Quadratur des Quadrats

Wenn es auch scheint, als müsse man die Quadratur des Kreises aufgeben, so ist doch wenigstens die zweier Quadrate in Reichweite. Obwohl es nicht danach aussieht, ist es buchstäblich möglich, zwei Quadrate so nebeneinanderzusetzen, daß daraus ein drittes entsteht.
Schaffen Sie das?

112 Der verlorene Spielstein

Ein Kind, das zehn Spielsteine mit den Ziffern 0, 1, 2, 3, 4, 5, 6, 7, 8, 9 besaß, hat einen davon verloren. Sein Vater weiß nicht, welchen Stein es verloren hat, doch er kann logisch denken. So ergibt sich folgender Dialog:
Vater: Kannst du aus den verbleibenden Steinen drei Gruppen bilden, so daß die Summe der Ziffern in allen Gruppen gleich ist?
Kind: Ja.
Vater: Kannst du auch vier Gruppen mit derselben Summe bilden?
Kind: Ja.
Vater: Dann weiß ich, welchen Stein du verloren hast.
Welcher ist es?

113 Quadratur und Zerlegung

Das in Aufgabe 111 gestellte Problem, zwei Quadrate nebeneinanderzusetzen, um ein drittes zu bekommen, ist arithmetisch gelöst worden. Bei der Veröffentlichung der Lösung habe ich Zweifel hinsichtlich der Existenz geometrischer Lösungen geäußert. Aber Roger Durif hat sich davon nicht entmutigen lassen und eine geometrische Lösung gefunden, freilich mit der Einschränkung, daß die Aufgabenstellung so verstanden werden muß: »Zwei Quadrate sind so nebeneinanderzusetzen, daß eine Figur entsteht, die so zerschnitten werden kann, daß sich aus den Stücken ein drittes Quadrat zusammensetzen läßt.« (Die Seitenlängen der beiden Quadrate sind beliebig.)
Wie viele Schnitte sind notwendig?

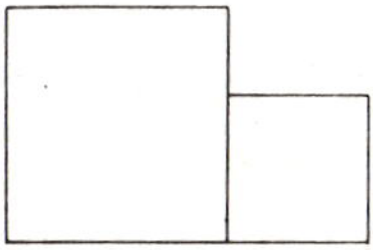

114 Wurzeln

Elektronische Taschenrechner sind jetzt überall zu haben, oft jedoch nur in ihrer primitivsten Form: Mit den vier Grundrechenarten, Addition zum Speicher (M +), Subtraktion vom Speicher (M −) und Ausgabe des Speicherinhalts (RM). Wie kann man mit einem solchen Gerät mit möglichst wenigen Versuchen eine Quadratwurzel ziehen, indem man direkt die beste Näherung ansteuert, die der Rechner geben kann?

115 Die Triangulation des Dreiecks

Als Pierre Bonnet über das Problem der Quadratur des Quadrats nachdachte (zwei aneinandergesetzte Quadrate zerschneiden und aus den Teilen ein neues zusammensetzen), fand er ein naheliegendes und seltsames Problem. Die Mittellinie eines beliebigen Dreiecks teilt dieses in zwei Dreiecke gleicher Fläche. Wie muß man das eine der beiden zerschneiden, um aus den Teilen das andere zusammensetzen zu können?

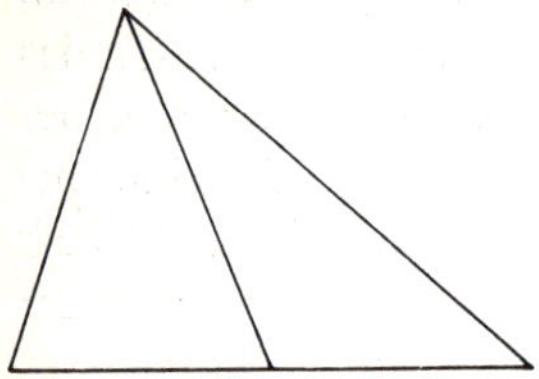

116 Wege im Sechseck

Das Sechseck selbst stellt eine der Möglichkeiten dar, seine sechs Eckpunkte durch einen geschlossenen Streckenzug zu verbinden, der genau einmal durch jeden dieser Eckpunkte geht.
Welches sind die anderen Möglichkeiten, die sechs Eckpunkte so zu verbinden?

117 Arithmetische Verschmutzung

Aufgrund eines Unfalls lief ein 20 Meter tiefer, vorher leerer Schacht voll Schweröl. Ein Arbeiter macht sich daran, ihn mit Hilfe eines Behälters und eines Flaschenzuges wieder zu leeren. Bei jedem Arbeitsgang wird der Ölspiegel um einen Meter gesenkt. Er soll dafür 400 Mark bekommen.
Wenn er nur die halbe Arbeit macht, also bei einem Ölspiegel von 10 Metern aufhört, wieviel muß man ihm dann zahlen?

118 Hier bin ich, hier teste ich

Ein herausragender Forscher eines Instituts für Intelligenztests kommt eines Tages in sein Labor mit einem von seinen Kindern dressierten Hamster, der alle Rekorde beim Durchlaufen von Labyrinthen in den Schatten stellt. Er verkauft ihn mühelos für 425 Mark einem Kollegen. Dieser bringt ihm noch einige zusätzliche Feinheiten bei und überläßt ihn einem Dritten für die Summe von 470 Mark. Der macht das gleiche und überläßt ihn für 535 Mark einem anderen, der ihn für 594 Mark einem anderen verkauft, der ihn für 716 Mark einem anderen verkauft, der ihn für 802 Mark einem anderen verkauft. Wenn auch dieser letzte Besitzer den Hamster weitergibt, wieviel wird er dann kosten?

119 Wie setzen sie über?

Flußüberquerungen sind alte Aufgaben der Unterhaltungsmathematik. Es handelt sich im allgemeinen darum, mit einem Boot überzusetzen, das weniger Personen faßt, als hinüber müssen. Eine weitere Einschränkung, deren Reiz eher im Logischen als im Menschlichen liegt, besteht oft darin, daß Paare ins Spiel gebracht werden, wobei kein

Mann es erlaubt, daß seine Frau ohne seine Gegenwart mit einem anderen Mann zusammen ist, sei es im Boot oder auf einem der Ufer.
Vier Paare stehen an einem Ufer. Wie viele Überfahrten brauchen sie, um mit Hilfe eines drei Personen fassenden Bootes unter den genannten Bedingungen ans andere Ufer zu gelangen?

120 Zerlegung einer Jahreszahl

Wir beginnen mit 1980.
$1979 \cdot 1 = 1979$ ist die kleinste Zahl, die als Produkt von positiven ganzen Zahlen mit der Summe 1980 darstellbar ist.
Welches ist die größte Zahl, die als Produkt ganzer Zahlen mit der Summe 1980 dargestellt werden kann?

121 Protagoras

Kennen Sie das Paradoxon von Protagoras und seinem Schüler? Protagoras, der Recht lehrte, hatte einem seiner Schüler eine recht merkwürdige Art von Zahlungsaufschub zugestanden: Er kam mit ihm überein, daß er erst dann bezahlt werden würde, wenn der Schüler seinen ersten Prozeß gewonnen hatte. Als er die Ausbildung beendet hatte, dachte der Schüler nun aber nicht daran, den Anwaltsberuf auch auszuüben, folglich gewann er keinen Prozeß, wie er auch keinen verlor, und zahlte auch Protagoras nichts. Um seine Bezahlung dennoch zu bekommen, strengte Protagoras einen Prozeß gegen den Schüler an. Im Prozeß vertraten beide eine unangreifbare logische Position.

Protagoras plädierte folgendermaßen:

- Wenn der Schüler den Prozeß verliert, muß er zahlen, weil er dazu verurteilt ist.
- Wenn der Schüler den Prozeß aber gewinnt, muß er aufgrund seiner Vereinbarung mit Protagoras zahlen.

Dagegen argumentierte der Schüler so:

- Wenn er den Prozeß verliert, muß er nichts zahlen, da die Vereinbarung mit Protagoras die Zahlung erst beim ersten Prozeßgewinn vorsah.
- Wenn er den Prozeß gewinnt, braucht er aufgrund des Urteils nicht zu zahlen.

Was hätte Protagoras tun können, um sein Geld zu bekommen?

122 Quadratur von Polygonen

Die Kunst, geometrische Figuren so zu zerschneiden, daß aus den Teilen andere Figuren gebildet werden können, ist immer wieder ein Quell der Inspiration für die Liebhaber mathematischer Spiele. Das Ziel ist immer das traditionelle der geometrischen Mystik: ein Quadrat zu erhalten. Da die klassischen Figuren nahezu vollständig erforscht sind, bleibt nur noch die Zerlegung weniger regelmäßiger Figuren. Dies ist Thierry Desimeur bei der gezeigten Figur gelungen. Können Sie daraus durch Zerschneiden in acht Teile ein Quadrat machen?

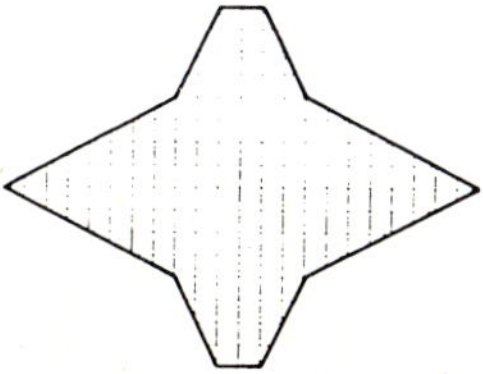

123 Folgen Sie der Linie

Das Nachzeichnen einer geometrischen Figur, ohne den Stift abzuheben und ohne eine Linie zweimal zu zeichnen, ist ein klassischer Zeitvertreib sich langweilender Schüler. Myrial Ancien hat daraus ein richtiggehendes Problem gemacht. Es ist ihm gelungen, die folgende Figur nicht nur in einem Zug, und ohne Linien doppelt zu zeichnen, zu durchlaufen, sondern auch den Durchlauf am Ausgangspunkt wieder zu beenden. Seine Methode ist systematisch, und er wendet sie auf jede Wiederholung der Ausgangsfigur an. Welche Methode ist das?

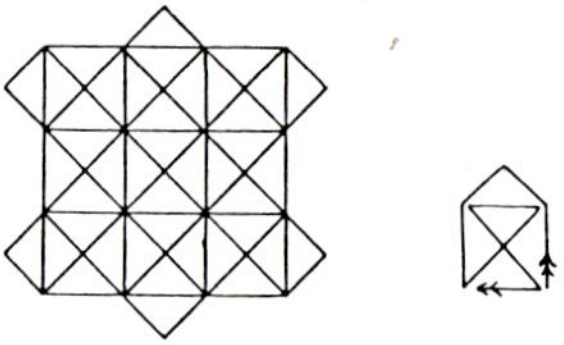

124 Aus fünf mach eins

Dieses Band aus fünf aneinandergefügten Quadraten kann leicht in fünf Teile geschnitten werden, aus denen sich ein Quadrat bilden läßt, wie die Abbildung zeigt.
Die Symmetrie des Ergebnisses ist sehr befriedigend. Aber es gibt noch eine bessere Lösung: Die Zerlegung des Bandes in nur vier Teile, die zu einem Quadrat zusammengesetzt werden können.
Wie läßt sich das bewerkstelligen?

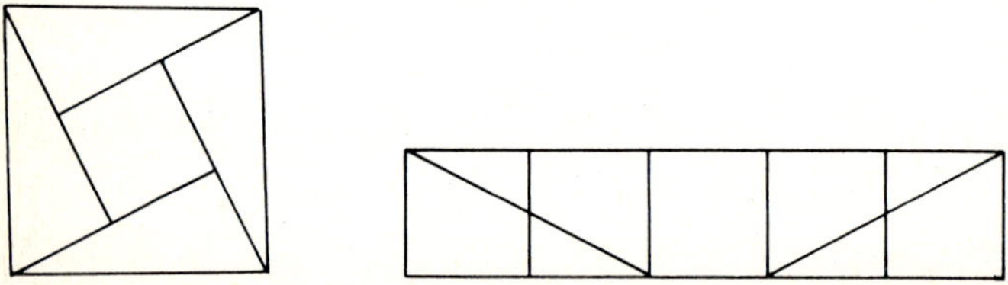

125 Fünfte Potenz

Aufgrund der Flut der Taschenrechner um uns herum wird die Zahlentheorie wieder mehr und mehr den Theoretikern und den Liebhabern mathematischer Zerstreuungen überlassen. Profitieren wir also davon. Können Sie beweisen, daß die Differenz zwischen der fünften Potenz einer Zahl und der Zahl selbst durch 5 teilbar ist? Mit anderen Worten, können Sie zeigen, daß gilt: $n^5 - n$ ist Vielfaches von 5?

126 Folgen Sie der Linie ein zweites Mal

Manche Probleme der Unterhaltungsmathematik spiegeln auf überraschende Weise die Geschichte der wissenschaftlichen Erkenntnis mit ihren Problemen, den gegensätzlichen Ansichten und den unerwarteten Lösungen wider. Aufgabe 123 ist ein Beispiel dafür.

Erste Phase: Myrial Ancien stellt ein Problem, das darin besteht, eine Figur in einem Zug und ohne eine Linie doppelt zu ziehen, nachzuzeichnen und dabei an den Ausgangspunkt zurückzukehren.

Zweite Phase: Einige Leser glauben, zeigen zu können, daß das unmöglich ist.

Dritte Phase: Es wird eine der Aufgabenstellung entsprechende Lösung veröffentlicht.

Vierte Phase: Ein Leser, J. Grange, zeigt, daß das Problem äußerst einfach war, denn er hat es unter der zusätzlichen Bedingung, daß sich die Linie nicht schneiden darf, gelöst.

Können Sie auch dieses neue Problem lösen?

127 Eine interessante Teilung

Wenn von einem Quadrat ein Viertel in Form eines kleinen Quadrats weggenommen wird, läßt sich die verbleibende Figur in vier kongruente Teile aufteilen. Sie brauchen sich nicht den Kopf zu zerbrechen: Die untenstehende Figur zeigt die Lösung.
Wenn das Viertel in Form eines Dreiecks weggenommen wird, läßt sich die verbleibende Figur ebenfalls in vier kongruente Teile zerlegen. Aber wie?

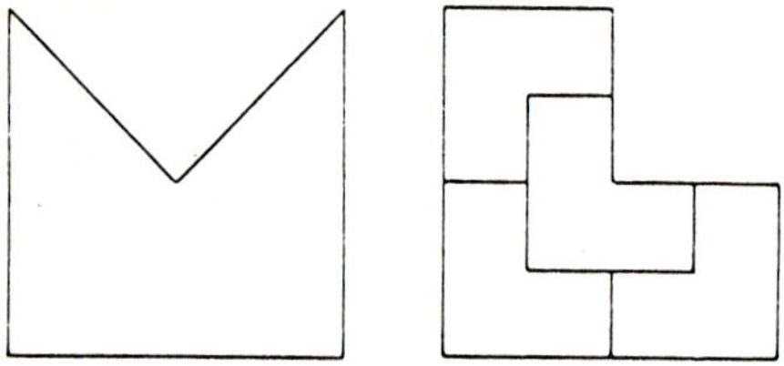

128 Nummern ohne die Zwölf

Eine Telefongesellschaft vergibt an ihre Kunden alle möglichen sechsstelligen Nummern. Um sie jedoch vor einer bestimmten Art von Irrtum zu schützen, möchte die Gesellschaft alle Nummern ausschließen, die die Zahl 12 wenigstens einmal enthalten. Wie viele Nummern sind dann unbrauchbar?

129 Quadrate aus Einsen?

11
111
1111
11111
. . .

Man hat das Gefühl, daß in dieser Folge von Zahlen, die nur aus der Ziffer 1 bestehen, kein Quadrat einer natürlichen Zahl vorkommt. Aber ist das wirklich so? Und warum?

130 Das Primzahlgesetz

Kleines oder großes Geheimnis?
Zu jeder Primzahl p größer 3 gibt es eine ganze Zahl m, so daß gilt:

$$p^2 = 24\,m + 1.$$

Wie ist das zu erklären?

131 Zehn Ziffern für eine

Im Dschungel der ganzen Zahlen kann sich der Amateurforscher ganz nach Belieben mit der Logik bewaffnen oder Gefallen daran finden, sich Phänomenen gegenüberzusehen, die seine Kräfte und sein Verständnis übersteigen, so daß er sich langsam durch Probieren vorantasten muß. Hier eine Aufgabe, die sich für dieses Vorgehen besonders gut eignet:

$$9 = \frac{57429}{6381}.$$

9 ist als Bruch dargestellt, der je einmal die Ziffern 1 bis 9 enthält. Wenn auch, der Vollständigkeit halber, die 0 in Erscheinung treten soll, gibt es mindestens drei solcher Darstellungen für die 9. Welche finden Sie?

132 Drinnen und draußen

Zum Thema der Aufgaben 123 und 126 (eine Figur ist in einer geschlossenen, sich nicht schneidenden Linie nachzuzeichnen) stellt Eric Reyssat eine interessante Frage: Durch die geschlossene Kurve in jeder Lösung wird ein Inneres und ein Äußeres definiert. Ist unter diesen Bedingungen jedes der 42 Dreiecke, aus denen die Figur besteht, jeweils immer im Inneren, immer im Äußeren oder hängt das von der jeweiligen Lösung ab?

133 Lauf unter dem Regen durch!

Muß man im Regen laufen, um nicht so naß zu werden? Oder bewirkt die Bewegung im Gegenteil, daß man mehr Tropfen abbekommt? Oder spielt das keine Rolle?
Ich stelle mir diese praktische Frage bei jedem Wolkenbruch, ohne jemals die Rechnung auch durchzuführen: Die Situation selbst ist dafür nicht gerade günstig, und beim ersten Sonnenstrahl vergesse ich das Problem wieder. Ein Leser hat das Problem dennoch angepackt: Marc Blanchard schickte mir seine Arbeit zu dem Problem, worin er einen Menschen in akzeptabler Näherung durch einen Quader darstellt.
Wie lautet das Ergebnis?

134 Bemerkenswerte Quadrate

In Aufgabe 111 setzten wir Quadrate ganzer Zahlen nebeneinander, um so wiederum eine Quadratzahl zu erhalten. Aus 16 und 81 wird so beispielsweise 1681, das Quadrat von 41. Denis Schmitt hat in dieser Richtung weitere Ergebnisse erzielt. Er überprüfte mit einem kleinen programmierbaren Taschenrechner alle Möglichkeiten bis zu einer Milliarde, wobei sich 119 Lösungen ergaben, und fand dabei einige bemerkenswerte Zahlen. Eine davon ist:

$5184729 = 2277^2$, gebildet aus
$5184 = 72^2$ und $729 = 27^2$.

Finden Sie eine andere bemerkenswerte Zahl, und zwar eine Quadratzahl, die man auf zwei verschiedene Arten durch Aneinanderfügen zweier Quadratzahlen erhalten kann? ($x^2 = a^2\, b^2 = c^2\, d^2$).

135 Möbius zweigeteilt

Jeder kann sich ein Möbius-Band herstellen oder vorstellen: Man nimmt einen rechteckigen Papierstreifen, verdreht ein Ende um 180° und klebt die Enden zuammen, so daß ein ringförmiges Band entsteht.
Man kann das Möbius-Band (es hat übrigens nur eine Fläche, wie man durch Anmalen, und eine Kante, wie man durch Nachzeichnen mit dem Stift feststellen kann) auf verschiedene Weise durch einen Schnitt »zerschneiden«. Schneidet man es quer durch, erhält man wieder den Papierstreifen. Schneidet man längs einer geschlossenen Linie in der Mitte des Bandes, erhält man ein längeres Band mit einer Verdrehung um 720°.
Aber wie kann man aus dem Möbius-Band mit einem Schnitt zwei nicht zusammenhängende Teile machen, die auch noch die gleiche Oberfläche haben?

136 Vierfache Quadratur

Die »algebraische Quadratur« nahm mit Aufgabe 134 ihren Fortgang. In diesem anscheinend recht wenig mathematischen Gebiet, in dem es darum geht, Quadratzahlen nebeneinanderzusetzen, so daß wieder eine Quadratzahl entsteht, haben wir hier schon interessante Ergebnisse erhalten. Nun geht Roger Durif noch weiter: Er fügt vier Quadratzahlen aneinander, um eine weitere zu bekommen. Können Sie, wie er, eine Zahl x finden, für die gilt:

$$x^2 = a^2\ b^2\ c^2\ d^2,$$

wobei die Quadrate nebeneinander geschrieben und nicht multipliziert werden und wobei $a^2\ b^2$ und $c^2\ d^2$ ebenfalls Quadratzahlen sind?

137 Neues über die Neun

9 ist eine bemerkenswerte Zahl: Sie ist (neben 1) die einzige Quadratzahl, die nur aus ungeraden Ziffern besteht. Jede andere Quadratzahl enthält (im Zehnersystem) mindestens eine gerade Ziffer.
Können Sie das beweisen? P. Labérenne hat es als Verallgemeinerung aus dem Resultat über die Zahlen, die nur aus der Ziffer 1 bestehen (siehe Aufgabe 129), erhalten.

138 Pappus' Dreiteilung

Die Dreiteilung des Winkels hat uns schon beschäftigt, als wir Apparate aus dem 18. oder 19. Jahrhundert untersuchten, die das gesuchte Winkeldrittel automatisch liefern. Aber die praktische Konstruktion des Winkeldrittels ist viel älter, denn zumindest Archimedes und Pappus hatten sie vor unserer Zeit gelöst.
In dieser Pappus zugeschriebenen Konstruktion wird eine beliebige Länge OA auf dem einen Schenkel des Winkels abgetragen. AB steht senkrecht auf dem anderen Schenkel, AD ist senkrecht zu AB. OD wird so gewählt, daß CD = 2

OA ist, was sich mit Zirkel und Lineal alleine natürlich nicht konstruieren läßt.
Warum ist∢BOC ein Drittel des Winkels∢BOA?

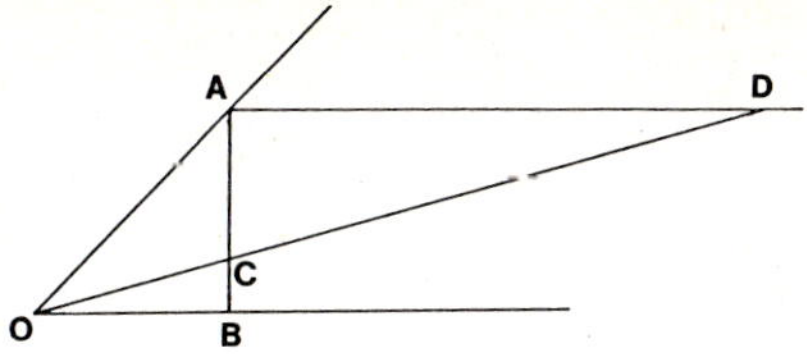

139 Das Archimedische Syntemachion

23 Jahrhunderte vor unserer Zeit spielte auch Archimedes mit Tangram, dem zerlegten Quadrat, von dem man annimmt, daß es chinesischen Ursprungs ist. Als echter Mathematiker jedoch stellte er sich eine kompliziertere Aufgabe, die mit den zu seiner Zeit wichtigen Problemen mehr in Zusammenhang stand, als das einfache Zerlegen eines Quadrats in Teile, mit denen Figuren gelegt werden können. Archimedes wollte ein Quadrat in 14 Teile zerlegen, deren Fläche zur Gesamtfläche jeweils in einem rationalen Verhältnis stehen sollte.
Welches Verhältnis hat jede Teilfläche zur Quadratfläche in seiner unten gezeigten Lösung?

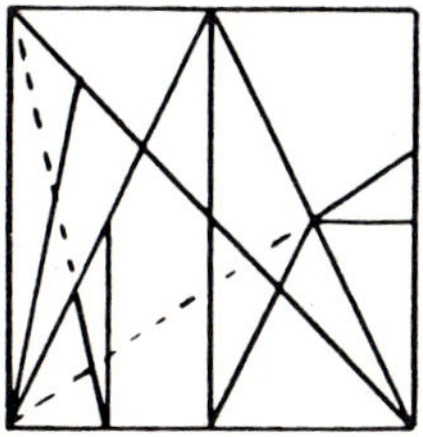

140 Kopf oder Kopf

Zwei Spieler werfen abwechselnd eine Münze. Ziel ist es, Kopf zu werfen. Sobald die Münze Kopf zeigt, ist das Spiel zu Ende, und der, der zuletzt geworfen hat, ist Sieger. Natürlich hat der, der zuerst wirft, größere Gewinnchancen als sein Gegner. Aber wie stehen die Gewinnchancen genau?

141 Die Durstmauer

Die Durchquerung der Wüste, unter den in der ersten Aufgabe dieses Buches angegebenen Bedingungen, ging in den Lösungen der Aufgaben 1, 40 und 80 mit zunehmendem Erfolg vonstatten.
Der Fortschritt gründete sich jedesmal auf die Überwindung eines neuen (intellektuellen) Vorurteils. Wir wollen auf diesem guten Weg nicht stehenbleiben. Unter der Bedingung, daß ein weiteres Vorurteil (schwerwiegender als die vorhergehenden) überwunden wird, kann der benötigte Wasservorrat von 11,5 auf 9,5 Rationen gedrückt werden. Wie?

142 Das Syntemachion – anders aufgeteilt

An Aufgabe 139 schließen sich drei Probleme an, die nicht ganz so einfach sind, wie sie scheinen mögen. Wie muß man die Einzelteile zu neuen Stücken zusammenfassen, so daß diese (ausgedrückt in Vielfachen von $\frac{1}{48}$ der Gesamtfläche)

1. drei gleiche ganze Zahlen,
2. drei aufeinanderfolgende ganze Zahlen,
3. die acht ersten natürlichen Zahlen und 12

darstellen?

143 Ein Quadrat für den Zirkel

Mit dem Zirkel allein, ohne Lineal, kann man eine ansehnliche Zahl an geometrischen Konstruktionen ausführen. Ein berühmtes Problem ist, zu einem gegebenen Kreis den Mittelpunkt zu finden.
Wir wollen uns hier mit einer einfacheren Aufgabe bescheiden. Wie kann man mit dem Zirkel allein einen Kreis ziehen und auf ihm die Ecken eines Quadrates bestimmen?

144 Wörter und Zahlen

Man kann Zahlen leicht in Buchstaben ausdrücken: Es genügt, sie auszuschreiben. 23 würde so zu »dreiundzwanzig«.
Aber wie kann man Wörter in Zahlen ausdrücken, so daß zu einer Zahl nur ein leicht wiederzufindendes Wort gehört?
Eine Lösung besteht darin, Zahlen mit einer geraden Anzahl von Ziffern zu verwenden, in denen jeder Block von zwei Ziffern die Nummer eines Buchstabens ist. So wäre zum Beispiel:

RAT = 180120
WORT = 23151820

Finden Sie andere Möglichkeiten, speziell die Möglichkeit, die Logiker verwenden, um die Grenzen der Sprachen zu erforschen?

145 Wörter, Zahlen und Sätze

Können Sie die Vorgehensweise von Aufgabe 144 dahingehend erweitern, daß sie nicht nur jedem Wort, sondern auch jedem Satz eine Zahl zuordnen, ohne daß Mehrdeutigkeiten entstehen?

146 Das Dreieck im Quadrat

Das gleichseitige Dreieck und das Quadrat folgen einander in der Rangfolge der vollkommenen ebenen Figuren.
Wird häufig genug an die Möglichkeit gedacht, das erste in das zweite einzubeschreiben?
Was ist die Seitenlänge des kleinsten gleichseitigen Dreiecks, das in ein gegebenes Quadrat einbeschrieben werden kann?

147 Rätselhafte Potenzen

12890625

ist eine Zahlenfolge, die, wie sich zeigt, den Zahlen, die darauf enden, besondere arithmetische Eigenschaften verleiht. Wenn Sie wissen, daß diese Eigenschaften mit Potenzen zu tun haben, können Sie sie dann herausfinden?

148 Höhere Anti-Magie

Nachdem Sie beim Lösen von Aufgabe 16 genügend Erfahrung gesammelt haben, können Sie nun bis zum 6. Grad der Anti-Magie vordringen.
Können Sie ein Quadrat mit 36 Feldern konstruieren, das

die ersten 36 natürlichen Zahlen enthält, so daß die sechs Zeilensummen, die sechs Spaltensummen und die zwei Diagonalensummen aufeinanderfolgende natürliche Zahlen sind?

149 Sechs Paare und ein Boot

Wir wollen eine Variante zu dem in Aufgabe 119 gestellten Problem der Flußüberquerung untersuchen. Auch bei dieser Gelegenheit wollen wir den Einfluß eines altmodischen Gefühls zulassen: der Eifersucht.
Sechs Paare möchten einen Fluß überqueren. Das einzig verfügbare Boot kann höchstens fünf Personen gleichzeitig aufnehmen. Außerdem läßt es keiner der Ehemänner zu, daß seine Frau ohne ihn mit anderen Männern zusammen ist, sei es im Boot oder auf einem der Ufer.
Wie viele Fahrten sind unter diesen Bedingungen notwendig?

150 Jenseits allcr Vorurteile

Die zu durchquerende Wüste ist immer noch dieselbe, mit denselben Bedingungen wie in Aufgabe 1. Aber sie sollen diesmal Ihr Ziel weder mit 20, noch mit 14, 11,5 oder 9,5 Rationen Wasser erreichen, sondern ein weiteres Mal ein wenig Wasser einsparen.
Sie werden sehen, daß diese beste Lösung hinter einem zusätzlichen Vorurteil verborgen war, das offensichtlich sehr viel schwerwiegender ist als die bisher überwundenen.

Lösungen

1

Man kann die Aufgabe mit drei Begleitern, also insgesamt vier Personen, und damit 20 Rationen Wasser lösen.
Nach dem ersten Tag sind noch 16 Rationen Wasser übrig. Einer der Begleiter kehrt mit einer Ration Wasser zurück. Die anderen drei setzen den Weg fort.
Am Ende des zweiten Tages ist noch für zwölf Tage Wasser vorhanden. Der zweite Begleiter kehrt zum Ausgangspunkt zurück, wobei er zwei Rationen Wasser mitnimmt. Mit Ihrem letzten Begleiter haben Sie also noch zehn Rationen Wasser.
Nach dem dritten Tag ist noch für acht Tage Wasser vorhanden. Ihr letzter Begleiter nimmt davon drei Rationen mit und läßt Sie mit den restlichen fünf allein. Damit können Sie noch einen Tag bis zu ihrem Ziel gehen, dort die Fahne aufstellen und den viertägigen Rückmarsch bestreiten.
Hatten Sie diese Lösung gefunden? Gut! Aber sie ist alles andere als optimal. In Aufgabe 40 werde ich Ihnen vorschlagen, Ihren Wasserverbrauch erheblich zu verringern.

2

In sieben Sekunden fährt der Zug an einem Beobachter vorbei, d. h. legt seine eigene Länge zurück.
Den Bahnhof zu durchfahren bedeutet, die Länge des Bahnhofs und die eigene Länge zurückzulegen. Der Zug durchfährt also die Länge des Bahnhofs in genau $26 - 7 = 19$ Sekunden. In einer Sekunde legt er $\frac{380\,\text{m}}{19} = 20$ Meter zurück. Er hat also eine Geschwindigkeit von 72 km/h.

Da er seine eigene Länge in sieben Sekunden durchmißt, beträgt diese 7 × 20 m = 140 Meter.

3

Der Betreffende hat 1898 ein Alter, das gleich der Quersumme seines Geburtsjahres ist.

Er muß im 19. Jahrhundert geboren sein, denn sein Alter beträgt als Summe von vier Ziffern höchstens 4 × 9 = 36, und 1898 − 36 = 1862. Die ersten beiden Ziffern des gesuchten Jahres sind also 1 und 8. Da 1 + 8 = 9 ist, hat die Person im Jahre 1889 = 1898 − 9 ein Alter, das gleich der Summe der letzten beiden Ziffern des gesuchten Jahres ist. Nun ist diese Summe maximal 2 × 8 = 16. Er kann also nicht vor 1873 = 1889 − 16 geboren sein.

Nehmen wir zunächst einmal an, er sei zwischen 1873 und 1879 geboren. Im Jahre 1882 = 1889 − 7 hatte er ein Alter, das gleich der letzten Ziffer des Geburtsjahres war. Diese Ziffer gibt die Hälfte der Jahre an, die zwischen 1870 und 1882 verstrichen sind, sie muß also $\frac{1882-1870}{2} = 6$ sein. Der Betreffende könnte also 1876 geboren sein. Im Jahr 1898 wäre er tatsächlich 22 = 1 + 8 + 7 + 6 Jahre alt.

Die Hypothese, das Geburtsjahr läge zwischen 1880 und 1889, führt zu keiner ganzzahligen Lösung.

Aber ... nachdem ich diese Lösung veröffentlicht hatte, zeigten mir einige Leser, daß ich nur den längsten und phantasielosesten Weg gesehen hatte.

»Ich habe Ihr Problem in einigen Sekunden gelöst«, schrieb Jean Le Floch. »Da das Alter die Quersumme des Geburtsjahres ist, müssen ihre Neunerreste gleich sein. 1898, die Summe der beiden, hat den Neunerrest 8. Das gesuchte Alter muß daher um 4 über einem Vielfachen von 9 liegen, also 4, 13, 22, 31 usw. sein. Durch Probieren erhält man die Lösung sofort.«

M. Lacourt (und C. Antoine) geht das Problem ebenso di-

rekt an: »Das gesuchte Alter ist maximal 1 + 9 + 8 + 9 = 26 Jahre. Diese Person ist daher frühestens 1898 – 26 = 1872 geboren. Die Quersumme von 1872 ist 18. Man wird bemerken, daß die Summe 18 + 26 = 44 nicht vom Alter abhängt, da einer Verringerung des Alters um ein Jahr eine Erhöhung des Geburtsjahres um 1 entspricht (hinsichtlich der Quersumme gilt dies aber nur bis 1879). Gleichheit ergibt sich also für $\frac{44}{2}$ = 22 Jahre. Das Geburtsjahr ist daher 1898 – 22 = 1876.«
Paul Blain schließlich weist auf eine Zweideutigkeit hin: »Die Jahreszahl ändert sich am 1. Januar und das Alter am Geburtstag. Wenn man das berücksichtigt, hat das Problem zwei Lösungen.«

4

Wir werden die Bewegungen der Springer auf den zwölf Feldern auf eine andere als die gewohnte Weise verfolgen. Wir bezeichnen die Felder mit Nummern, die jeweils dann durch einen Faden verbunden werden, wenn ein Springerzug zwischen ihnen möglich ist. Wir entwirren nun das entstehende Fadengeflecht, um eine übersichtlichere Gestalt zu bekommen.
Ein Springerzug entspricht in diesem, dem vorhergehenden gleichwertigen Modell einem Zug längs der Verbindungslinien von einer Nummer zu einer benachbarten.
Die von mir vorgeschlagene 26zügige Lösung wurde von vielen Lesern verworfen.
Der Sparsamkeitsrekord wird mit 16 Zügen von den Herren Bouquet, Courtault, Storme und Do Thuong gehalten.
Hier ist die Lösung des Letztgenannten:

10 – 9 – 4	11 – 6 – 1	9 – 4 – 3
12 – 7 – 2	4 – 9	
1 – 6 – 7 – 12	3 – 4 – 11	

5

Diese Lösung, die von Bernard Lemaire gefunden wurde, schafft mit acht Stücken, was man vorher nur mit neun Teilen erreichen konnte.
Der vom Mittelpunkt nach rechts oben gehende Schnitt hat eine Steigung von 4,5. Der sich oben anschließende kurze Schnitt steht darauf senkrecht. Wenn man im dadurch gebildeten rechtwinkligen Dreieck den Tangens berechnet, sieht man, daß der lange Schnitt doppelt so lang ist wie der kurze.

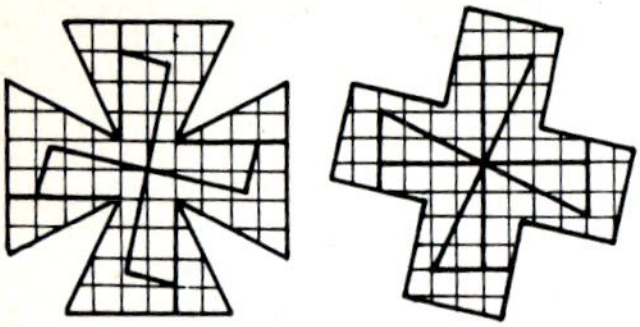

Damit ist gesichert, daß wirklich alle Seiten des griechischen Kreuzes gleich lang sind. Die dreieckigen Teile müssen umgedreht werden.

6

Um ein Achteck mit dreifacher Fläche zu erhalten, müssen die Abmessungen des kleinen Achtecks mit $\sqrt{3}$ multipliziert werden. $\sqrt{3}$ erhält man als Hypotenuse im rechtwinkligen Dreieck mit den Katheten 1 und $\sqrt{2}$. Der Rest ergab sich durch Probieren.
Zwei der Achtecke werden auf dieselbe Weise zerschnitten. Die Diagonale, längs der das dabei auftretende Sechseck zerschnitten wird, hat, wie oben gesagt, die Länge $\sqrt{3}$. Diese Länge taucht entsprechend auch beim dritten Achteck zweimal auf. Daß sich die Teile tatsächlich wie angegeben zusammensetzen lassen, kann man durch Nachrechnen der Längen und Winkel nachprüfen.

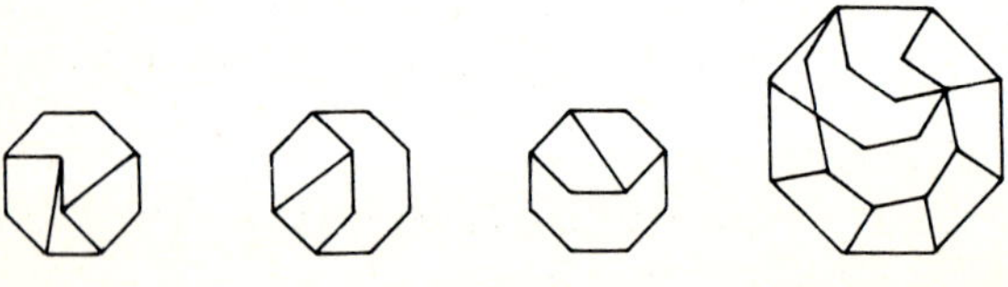

7

Wenn man in der linken Spalte jede ungerade Zahl durch 1 und jede gerade Zahl durch 0 ersetzt, erhält man, von unten nach oben gelesen, die Darstellung der ersten Zahl im Zweiersystem. Die Operationen, die an der rechten Spalte vorgenommen werden, entsprechen daher einer Multiplikation im Zweiersystem.

8

Die Formel heißt:

$$-\log_4\left(\log_4\sqrt{\sqrt{\ldots\sqrt{4}}}\right).$$

Soll die positive ganze Zahl n ausgedrückt werden, müssen 2 n Wurzelzeichen gesetzt werden:

$$-\log_4\left(\underbrace{\log_4\sqrt{\sqrt{\ldots\sqrt{4}}}}_{2\,n}\right)=-\log_4\left(\log_4 4^{\frac{1}{2^{2n}}}\right)=$$

$$-\log_4\frac{1}{2^{2n}}=-\log_4 4^{-n}=-(-n)=n.$$

9

Bei der dritten Methode von J. Bertrand legt man (aus Symmetriegründen) einen Schnittpunkt der Geraden mit dem Kreis fest und betrachtet dann den Winkel zwischen der Geraden und der Tangente in diesem Punkt. Die Sehne muß im Inneren eines der drei Teilwinkel von je 60° liegen, die Wahrscheinlichkeit ist also $\frac{1}{3}$.

Tatsächlich weiß man heute, daß ein solches Problem nicht

definiert ist, wenn man die betrachtete Zufallsgröße nicht angibt, was in der Aufgabenstellung nicht geschah. Die drei Methoden beziehen sich auf drei verschiedene Betrachtungsweisen und damit auf drei verschiedene Zufallsgrößen:

- Den Abstand der Sehne vom Mittelpunkt;
- Den Winkel zwischen Sehne und Tangente;
- Die Lage des Mittelpunkts der Sehne.

Dr. R.-J. Denichou schlägt eine vierte, ebenso widersprüchliche Berechnungsmethode vor: Wenn man die Längen aller möglichen Sehnen betrachtet, dann liegen diese zwischen 0 und d (Durchmesser). Im günstigen Fall liegt die Länge zwischen $\frac{\sqrt{3}}{2}$ d und d. Die Wahrscheinlichkeit ist also $\frac{2-\sqrt{3}}{2}$.

(In Aufgabe 10 wird das hier auftretende Paradoxon näher behandelt.)

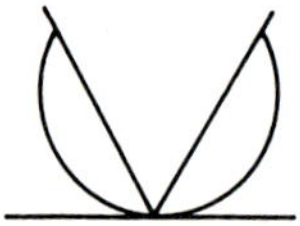

10

Hier ist die Methode von Herrn Walliser, um die Wahrscheinlichkeit, daß eine in den Kreis gezeichnete Sehne die Seite des einbeschriebenen gleichseitigen Dreiecks an Länge übertrifft, beliebig zwischen 0 und 1 zu »verändern«. Ich habe eine Parabel bei Herrn Walliser durch zwei Halbgeraden ersetzt. Aus Symmetriegründen erscheint nur die Hälfte der Figur und eine der Halbgeraden.

Es sei ABC das gleichseitige Dreieck und N ein Endpunkt des zu AO (O Mittelpunkt) senkrechten Durchmessers. Es sei S ein Punkt auf AO jenseits von O. Die Gerade SN schneidet AC in C′ und die Tangente in A in N′.

Wir bestimmen nun die Sehne, indem wir den Punkt I zufällig auf den Geraden zwischen S und N′ wählen und dann A mit I verbinden. Die gesuchte Wahrscheinlichkeit ist dann:

$$\frac{SC'}{SN'}.$$

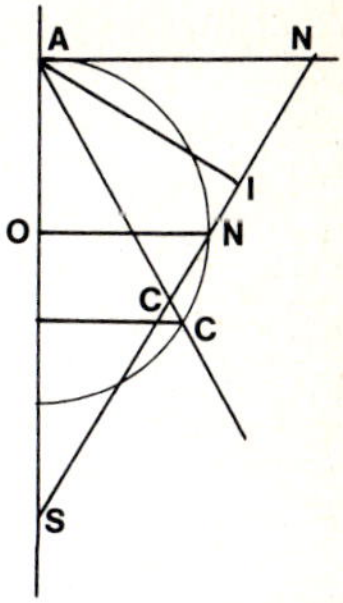

Wenn S gegen O geht, geht das Verhältnis gegen null (endliche Strecke gegen Halbgerade) und wenn sich S von O entfernt, geht es gegen 1 (Verhältnis zweier Halbgeraden). Das Verhältnis kann also jeden beliebigen Wert zwischen 0 und 1 annehmen.

11

Im Lauf von zwölf Stunden machen die Zeiger eine, zwölf bzw. 720 Umdrehungen. Stunden- und Minutenzeiger überdecken sich daher elfmal, Stunden- und Sekundenzeiger 719-mal, jeweils in gleichen Zeitabständen.
Da 11 und 719 teilerfremd sind, können diese Überdeckungen nicht gleichzeitig erfolgen.

12

Die Lösung ist in der Umgebung eines Augenblicks zu suchen, in dem sich die beiden langsamen Zeiger überdecken und sich der dritte annähert, das vollkommene Zusammentreffen aber knapp verpaßt. Stunden- und Minutenzeiger treffen sich elfmal in zwölf Stunden.
Bei welchem Zusammentreffen ist der Sekundenzeiger am nächsten?
Die beiden Zeiger treffen sich jeweils nach einer elftel Umdrehung des Stundenzeigers. Beim dritten Mal (und in dem

dazu symmetrischen Fall) ist der Sekundenzeiger nur eine elftel Umdrehung entfernt. Es ist 3 Uhr 16 $\frac{4}{11}$ Minuten.
Die exakte Lösung erhält man, indem man den Sekundenzeiger zurücklaufen läßt, bis er mit dem Stundenzeiger zusammentrifft, wobei der Minutenzeiger sich ein kleines Stück zurückbewegt. Die Uhrzeit in Stunden ist dann dasjenige Vielfache von $12 \cdot \frac{1}{719}$, das $12 \cdot \frac{3}{11}$ am nächsten liegt, also $12 \cdot \frac{196}{719}$ Uhr. Umgerechnet: 3 Uhr 16 Minuten 16 $\frac{256}{719}$ Sekunden. Die symmetrische Lösung: 8 Uhr 43 Minuten 43 $\frac{463}{719}$ Sekunden.

13

Man kann vernünftigerweise annehmen, daß die beiden Ochsen einander ähnlich sind. Nun sind aber bei ähnlichen Körpern die Oberflächen proportional zum Quadrat, die Volumina und Gewichte proportional zur dritten Potenz der linearen Ausdehnung.
Die Oberfläche ist demnach proportional dem Quadrat der Kubikwurzel aus dem Gewicht. Die gesuchte Zahl der Kalorien ist also:

$$13500 \cdot \left(\frac{420}{630}\right)^{\frac{2}{3}} = 13500 \cdot \sqrt[3]{\frac{4}{9}} = 10300$$

14

Er braucht keine einzige zu kennen. Das Resultat kann nur 2 sein.
Wir rechnen mit dekadischen Logarithmen. Der Logarithmus einer Zahl mit 20 Stellen ist 19, ... Der Logarithmus ihrer 64. Wurzel ist also $\frac{19,\ldots}{64}$. Er liegt zwischen 0,29 und

0,32. Der einzige Logarithmus einer ganzen Zahl, der in diesem Bereich liegt, ist der von 2, d. h. 0,30103.
J. Hautreux geht nach einer direkteren Näherungsmethode vor:

10^{64} hat 65 Stellen,
$(\sqrt[2]{10})^{64} = 10^{32}$ hat 33 Stellen,
$(\sqrt[3]{10})^{64}$ liegt zwischen 10^{21} und 10^{22}, hat also 22 Stellen,
$(\sqrt[4]{10})^{64} = 10^{16}$ hat 17 Stellen.

Das Ergebnis muß also zwischen $\sqrt[3]{10}$ und $\sqrt[4]{10}$ liegen. Damit gleichbedeutend ist, daß seine dritte Potenz kleiner und seine vierte Potenz größer als 10 ist. Es gibt genau eine ganze Zahl, die diese Bedingung erfüllt, das ist 2.

15

Ein Quadrat der Ordnung 2 enthält die Zahlen 1, 2, 3, 4. Die kleinstmögliche Summe ist 3, die größte 7.
Es kann also keine 6 verschiedenen Summen geben.
Daniel Grillot hat herausgefunden, daß es 3120 heterogene Quadrate der Ordnung 3 gibt. Er hat sie mit Hilfe des Computers aus den $\frac{9!}{8} = 45360$ möglichen Quadraten der Ordnung 3 erhalten. Einige Beispiele:

1	2	3	9	8	7	6	5	4
4	5	9	2	1	6	7	2	3
6	8	7	3	4	5	8	1	9

16

Hier ist ein »anti-magisches« Quadrat der Ordnung 4, wobei die Summen von 29 bis 38 gehen:

6	8	9	7
3	12	5	11
10	1	14	13
16	15	4	2

In diesem Quadrat der Ordnung 5 gehen die Summen von 59 bis 70:

21	18	6	17	4
7	3	13	16	24
5	20	23	11	1
15	8	19	2	25
14	12	9	22	10

17

A gewinnt sicher, wenn er mit dem 20. Januar beginnt und danach immer eines der folgenden Daten nennt:
21. Februar, 22. März, 23. April, 24. Mai, 25. Juni, 26. Juli, 27. August, 28. September, 29. Oktober, 30. November. Tatsächlich: Wenn A den 30. November nennt, kann B nur mit dem 30. Dezember antworten, worauf A mit dem 31. Dezember gewinnt. Wenn A den 29. Oktober nennt, kann B nur entweder mit dem 31. Oktober oder 29. Dezember antworten, woraufhin A sofort gewinnt, oder er antwortet mit dem 30. Oktober oder 29. November, woraufhin A den 30. November nennt, usf. Indem A das Spiel mit dem 20. Januar beginnt, hat er das Spiel in der Hand.

18

23 ist die Schlüsselzahl: Es ist die erste Primzahl, die um mehr als 5 von der nächsten (29) entfernt ist. Das Ziel muß also sein, sie zu erreichen. Zu diesem Zweck muß der Gegner gezwungen werden, 13 zu sagen, was man erreicht, indem man 11 sagt, und er muß gezwungen werden, 7 zu sagen, indem man 5 sagt. A gewinnt also, wenn er mit 5 beginnt.

19

Hier liegt der erste Sprung, der größer ist als 10, zwischen den Primzahlen 113 und 127. Daraus ergibt sich folgende Strategie:

113 folgt auf 103, 107 oder 109,
es muß also 101 erreicht werden.
101 folgt auf 97,
also muß 89 erreicht werden.
89 folgt auf 79 oder 83,
also muß 73 erreicht werden.
73 folgt auf 67 oder 71,
also muß 61 erreicht werden.
61 folgt auf 53,
also muß 47 erreicht werden.
47 folgt auf 37 oder 41,
also muß 31 erreicht werden.
31 folgt auf 23 oder 29,
also muß 19 erreicht werden.
19 folgt auf 11, 13 oder 17,
also muß 7 genannt werden.

Der erste Spieler gewinnt also, wenn er mit 7 anfängt.

20

Ein Problem des kürzesten Weges zwischen zwei Punkten erinnert an ein optisches Problem und an den Weg eines Lichtstrahls. Von A nach B auf dem geforderten Weg zu gelangen, läßt sich zweifellos darauf zurückführen, geradlinig von A nach B′, dem Spiegelbild von B bezüglich des Ufers, zu gehen. Eine Lösung könnte darin bestehen, die Strecke AB′ zu zeichnen, wobei C der Schnittpunkt mit dem Ufer ist, und dann den Weg ACB zu wählen.

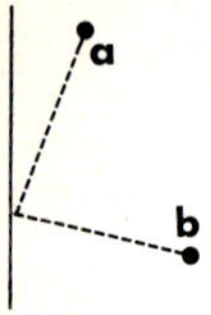

Diese so intuitiv gefundene Lösung wird durch eine Ungleichungsbetrachtung bestätigt. Für jeden anderen Punkt C′ auf dem Ufer ist AC′ + C′B′ und damit AC′ + C′B länger als AC + CB.

21

Angeregt von der Lösung zu Aufgabe 20, wollen wir ein annähernd analoges optisches Problem betrachten. Wenn der Kanal eine Glasscheibe und die Straße ein Lichtstrahl wäre, dann wären der einfallende und ausfallende Strahl parallel (aber der Strahl wäre im Inneren der Scheibe sicher nicht senkrecht zu ihr). Versuchen wir es also mit parallelen Straßen AC und DB. Dazu verschieben wir A parallel zu CD nach A′ und zeichnen die Strecke A′B, die das zweite Ufer in D′ schneidet. Die Lösung könnte sein: AC′ (parallel zu A′D′) + C′D′ + D′B.
Man bestätigt diese Lösung, indem man sie mit irgendeiner Straße ACDB vergleicht.

$$AC' + D'B = A'D' + D'B' = A'B$$
$$AC + DB = A'D + DB$$

Diese letzte Summe ist stets größer (oder gleich) A′B. AC′D′B ist also der minimale Weg.

22

Seltsamerweise hängt das Ergebnis weder von der Augenhöhe noch von der Entfernung zum Spiegel ab. Von welcher Höhe auch immer ich auf einen unendlichen vertikalen Spiegel blicke, es gilt:

1. Der Lichtstrahl zwischen meinen Augen und dem Scheitel des Bildes berührt den Spiegel auf halbem Wege, also auf halber Höhe zwischen Augen und Scheitel.
2. Der Lichtstrahl zwischen meinen Augen und meinen Füßen berührt den Spiegel auf halber Höhe zwischen beiden.

Insgesamt brauche ich von dem Spiegel nur die Hälfte von 1,70 Metern an Höhe, also 85 Zentimeter.

23

Es sei α der Winkel zwischen den Spiegeln. Das Objekt A hat in jedem Spiegel ein direktes Bild: A_1 und A'_1. Diese Bilder haben in den gegenüberliegenden Spiegeln die Bilder A_2 (von A'_1) und A'_2 (von A_1), usw. Ein Spiegel erzeugt also eine Folge von Bildern – $A_1, A_2, A_3, \ldots, A_n$ –, die in Ebenen liegen, die mit der winkelhalbierenden Ebene die Winkel α, $2\,\alpha$, $3\,\alpha$, $\ldots$, $n\,\alpha$ einschließen, wobei $n\,\alpha$ das größte Vielfache von α kleiner oder gleich π ist.
Wenn $n\,\alpha$ genau gleich π ist, fallen die Bilder A_n und A'_n zusammen, so daß es insgesamt $2\,n - 1$ Bilder gibt.

Wenn α zwischen $\frac{\pi}{n+1}$ und $\frac{\pi}{n}$ liegt, gibt es $2\,n$ Bilder.

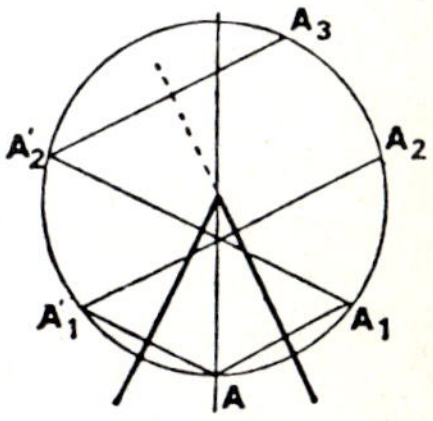

24

Eine Gerade ist nur dann senkrecht zu einer Ebene, wenn sie zu zwei verschiedenen und nicht-parallelen Geraden der Ebene senkrecht ist. Man müßte also zeigen, daß die beiden Geraden in den Paaren CA, CB und DA, DB jeweils verschieden sind. Das kann aber nicht für beide gleichzeitig der Fall sein.
Beweis: Angenommen, AC und BC seien verschieden, PC also ein Lot auf die Ebene. Die senkrechte Projektion Q des Mittelpunktes der Kugel über PA liegt dann auf AC und ist gleichzeitig der Mittelpunkt des Schnittkreises der Kugel mit der Ebene. AC ist also Durchmesser dieses Kreises. Entsprechendes gilt für die senkrechte Projektion R des Mittelpunkts der anderen Kugel. BC ist also Durchmesser des anderen Schnittkreises. Da QR als Verbindung der Mittelpunkte der beiden Kreise durch den Mittelpunkt von CD geht, muß nach dem Strahlensatz D auf AB liegen (CQ = QA, CM = MD, CR = RB). Die Geraden DA und DB fallen also zusammen und PD ist kein Lot auf die Ebene. Entsprechend ergibt sich, wenn DA und DB verschieden sind, daß CA und CB zusammenfallen und somit PC kein Lot ist.

25

Die Dreiecke ABD, CAF, BCE und DEF haben paarweise einen Teil einer Seite gemeinsam. Ein Punkt I oberhalb der Ebene bestimmt durch seine Verbindungen mit den Punkten A bis F vier Tetraeder, die der Bedingung genügen wegen der Seitenflächen, die durch I gehen.

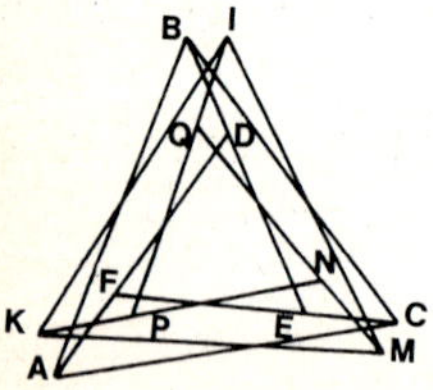

Entsprechend bekommt man mit einem Punkt I unterhalb und den Dreiecken KLP, LMQ, MKN und NPQ vier andere »richtige« Tetraeder.

Durch die gemeinsamen Teilflächen der Tetraeder in der Ebene wird sichergestellt, daß alle acht Tetraeder paarweise, und nur paarweise, einen Teil einer Seitenfläche gemeinsam haben.

26

Beide Brüder lügen nur an einem Tag im Jahr und müssen daher jeweils mindestens einmal die Wahrheit gesagt haben.
Der erste ist also am 30. oder am 31. Dezember geboren. Wäre er am 30. geboren, dürfte er am 1. Januar nicht lügen, indem er behauptet, am 31. geboren zu sein. Aber wenn er am 31. geboren ist, kann er an diesem Tag lügen und am nächsten Tag die Wahrheit sagen.
Der zweite ist am 1. oder am 2. Januar geboren. Wäre er am 2. geboren, dürfte er am 31. nicht lügen, indem er behauptet, am 1. geboren zu sein. Wenn er am 1. geboren ist, sagt er beim ersten Mal die Wahrheit und lügt beim zweiten Mal.
Der erste Bruder ist also am 31. Dezember, der zweite am 1. Januar geboren.

27

Am beunruhigendsten an dieser Beweisführung ist, daß sie keinen Gebrauch von der Parallelität der Geraden macht. Wenn nämlich zwei Geraden nicht parallel sind, ist die Winkelsumme auf einer Seite einer Schnittgeraden kleiner und auf der anderen größer als zwei rechte Winkel. Die angebotenen Hypothesen schließen diese Möglichkeit jedoch aus, die auch bei Parallelen denkbar wäre, ... wenn die Aussage nicht bewiesen oder als Axiom postuliert wird.

28

Indem wir die Winkelsumme x genannt haben, haben wir implizit angenommen, daß sie für alle Dreiecke gleich ist. Das müßte aber erst bewiesen werden. Man kann daran zweifeln, zumal das beispielsweise in der sphärischen Geometrie erwiesenermaßen falsch ist.

29

Die senkrechte Bewegungskomponente aller drei Strahlen hat die Form $\frac{1}{2}gt^2$. Das Wasser in den Strahlen fällt also in den Zeiten t_1, t_2 und t_3, so daß:

$$\frac{1}{2}gt_1^2 = 1, \frac{1}{2}gt_2^2 = 2, \frac{1}{2}gt_3^2 = 3$$

t_1, t_2 und t_3 verhalten sich also wie $1 : \sqrt{2} : \sqrt{3}$.
Die horizontale Bewegungskomponente ist eine gleichförmige Bewegung mit der Geschwindigkeit v, die einer kinetischen Energie $\frac{1}{2}mv^2$ entspricht, die wiederum gleich ist der potentiellen Energie, die die Wassersäule oberhalb des Loches verliert.
Die Geschwindigkeit v ist also proportional zu der Quadratwurzel aus der Höhe dieser Wassersäulen; v_1, v_2 und v_3 verhalten sich also wie $\sqrt{3} : \sqrt{2} : 1$.
Es folgt, daß sich die waagerecht zurückgelegten Entfernungen wie $\sqrt{3} : 2 : \sqrt{3}$ verhalten.
Der erste und der dritte Strahl treffen am gleichen Ort auf, näher am Behälter als der zweite Strahl.

30

2450 hat folgende Primfaktorzerlegung:
$2450 = 2 \cdot 5 \cdot 5 \cdot 7 \cdot 7$. Unter den 19 möglichen Tripeln: (1, 2, 225), (1, 5, 490), ..., (7, 10, 35), (7, 14, 25) haben nur zwei dieselbe Summe:

$$5 + 10 + 49 = 64, \quad 7 + 7 + 50 = 64.$$

Nur bei einem Alter des Kirchendieners, nämlich 32 Jahren, muß dieser zwischen zwei Möglichkeiten wählen. In diesem Fall ist das älteste der Gemeindemitglieder 49 oder 50 Jahre alt. Die beiden Fälle können nur unterschieden werden, wenn der Priester 49 Jahre alt ist. Die Gemeindemitglieder sind also 7, 7 und 50 Jahre alt.

31

Die Summe der beiden Zahlen muß mehrdeutig sein, also von mehreren verschiedenen Zahlenpaaren herrühren können:

$$s = a + a' = b + b' = \ldots = n + n' .$$

Simon weiß also, daß Paul eines der Produkte aa', bb', ..., nn' vor sich hat, von denen genau eines mehrdeutig ist, z. B. ii', das Simon die Lösung verrät. Umgekehrt muß ii' zu mehreren Paaren gehören, von denen mindestens zwei Simon mehrdeutige Summen liefern, so daß Paul aus seiner Unkenntnis keine Schlüsse ziehen kann, und von denen genau eine die obigen logischen Schlüsse zuläßt. Wir wollen deshalb mehrdeutige Summen untersuchen, wobei wir mit den kleinsten anfangen.

$$6 = 2 + 4 = 3 + 3$$

Von den beiden Produkten 8 und 9 ist keines mehrdeutig.

$$7 = 2 + 5 = 3 + 4$$

Die Produkte sind 10 und 12. Nur das zweite ist mehrdeutig und liefert Simon die Lösung (3, 4).
Wir müssen auch noch Pauls Sicht nachprüfen. Er kennt das Produkt 12 und folgert daraus, daß Simon eine der Zahlen 7 oder 8 als Summe vor sich hat. Die 7 erlaubt Simon den Schluß auf die Lösung, aber nicht die 8, denn $8 = 2 + 6 = 3 + 5 = 4 + 4$, was zu den drei Produkten 12, 15 und 16 führt, von denen zwei anstatt nur eines mehrdeutig sind. Auch Paul kann daher seinerseits auf das Paar (3, 4) schließen.
In der Aufgabenstellung war nur ein Paar verlangt, aber es gibt noch andere: (84, 84), (69, 96), (78, 98). Sie wurden von J. Perrin, Y. Archambault und J. Tramu gefunden.

32

Das Dreieck, das von den Winkeldreiteilenden eines beliebigen Dreiecks gebildet wird, ist gleichseitig.
Wir zeichnen die Dreiteilenden der Winkel bei B und C, die gleich 3b bzw. gleich 3c seien. Der Winkel bei A sei gleich 3a. Es ist:

$$a + b + c = 60°$$

Seien H auf CD (D Schnittpunkt der unteren Dreiteilenden) und F auf der oberen Dreiteilenden bei B so gewählt, daß $\sphericalangle$ DFH = $\sphericalangle$ FDH = a + c sowie K auf BD und E auf der oberen Dreiteilenden bei C so gewählt, daß $\sphericalangle$ KDE = $\sphericalangle$ DEK = a + b. Man berechnet $\sphericalangle$ FDE = 60° $\sphericalangle$ und $\sphericalangle$ BFD = a + 60°.
D hat als Schnittpunkt der Winkelhalbierenden von $\sphericalangle$ FBC und $\sphericalangle$ ECB von BF und CE den gleichen Abstand. Wie

man leicht nachrechnet, gilt $\sphericalangle$ DFB = $\sphericalangle$ DEC, folglich DE = DF und das Dreieck DEF ist gleichseitig.

HF und KE sind nun aber die Dreiteilenden des Winkels bei A. Beweis: FK ist Winkelhalbierende von $\sphericalangle$DKE, BF Winkelhalbierende von $\sphericalangle$ KBX, also ist F Schnittpunkt der Winkelhalbierenden im Dreieck aus den Geraden BK, KE und BX. Da $\sphericalangle$BFH = $\sphericalangle$ BFD − $\sphericalangle$ HFD = a + b, ist der Winkel zwischen BX und HF gleich a, und der Winkel zwischen BX und KE ist gleich 180° − 2b − (180° − 2a − 2b), also gleich 2a. Damit ist HF Winkelhalbierende des Winkels zwischen BX und KE und, entsprechend, KE Winkelhalbierende des Winkels zwischen HF und CY. Das gleichseitige Dreieck DEF ist somit das von den Winkeldreiteilenden gebildete Dreieck.

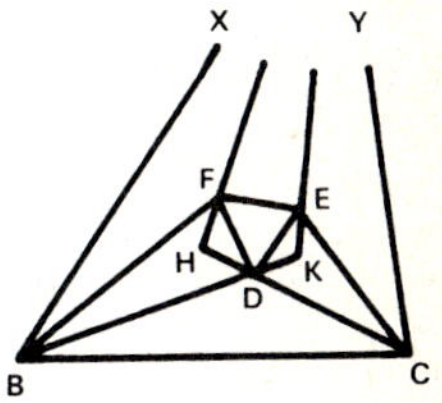

33

Es ist unmöglich, die Figur in der geforderten Weise zu bedecken.

Wir markieren die Felder wie in der Abbildung mit Quadraten, Kreisen und Rauten. Unabhängig davon, wo ein »Dominostein« zu liegen kommt, er bedeckt immer drei verschieden markierte Felder. Könnte die Figur lückenlos und überschneidungsfrei überdeckt werden, müßten also gleich viele Quadrate, Kreise und Rauten auftreten. Es gibt aber 19 Quadrate, 18 Kreise und 17 Rauten.

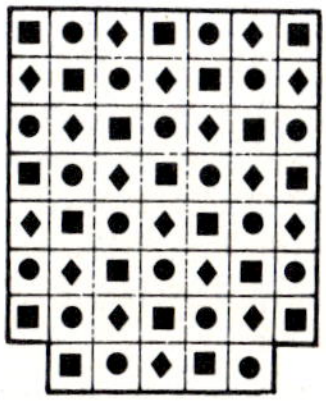

34

Es gibt mehr Partitionen von 1000 in vier ungerade Zahlen als in vier gerade Zahlen. Wir zeigen das, indem wir eine Bijektion der geraden Partitionen auf eine echte Teilmenge der ungeraden Partitionen angeben.
Jeder geraden Partition: $1000 = a + b + c + d$, $a \leq b \leq c \leq d$, ordnen wir die ungerade Partition: $1000 = (a - 1) + (b - 1) + (c - 1) + (d + 3)$ zu.
Verschiedenen geraden Partitionen werden so verschiedene ungerade Partitionen zugeordnet. Es treten hierbei jedoch nicht alle ungeraden Partitionen auf, da: $(d + 3) - (c - 1) \geq 4$, so daß z. B. $1000 = 249 + 249 + 251 + 251$ ausgeschlossen wird.

35

Zwischen den sechs Zwischenetagen gibt es 15 Verbindungen, die bedient werden müssen. Jeder Aufzug bedient davon drei. Man wird es also zunächst mit fünf Aufzügen versuchen.
Das Problem läßt sich darauf zurückführen, die 15 Verbindungsstrecken zwischen den Eckpunkten eines Sechsecks in fünf Dreiecke aufzuteilen (siehe Abb.).
Wenn 1 3 5 gewählt wird, muß 4 5 entweder mit 2 verbunden werden, wodurch 5 6 nicht mehr benutzt werden kann, oder mit 6, so daß dann 3 4 mit 2 verbunden werden muß und 1 4 nicht benutzt werden kann.
Jedes Dreieck hat also mindestens eine außen liegende Seite. Folglich hat genau ein Dreieck zwei äußere Seiten, z. B. 1 2 3. Dann muß 3 4 mit 6 verbunden werden, und 1 6 kann zu keinem Dreieck gehören. Eine solche Aufteilung ist also nicht möglich.
Man ist gezwungen, ein weniger sparsames System von sechs Aufzügen einzusetzen, z. B.:

0	1	2	4	7
0	2	3	5	7
0	3	4	6	7
0	1	4	5	7
0	2	5	6	7
0	1	3	6	7

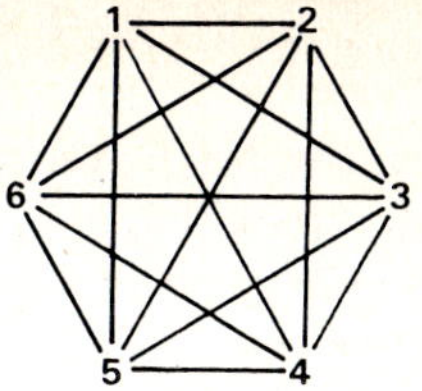

36

Die Dame durchläuft das Schachbrett in 14 Zügen folgendermaßen:

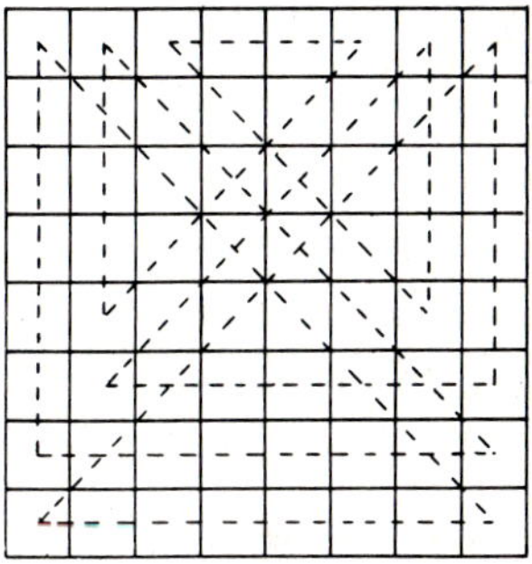

37

Es sei abc eine dreistellige Zahl, $a \geq b \geq c$, $a > c$. Es ist: abc − cba = d9e mit $a + e = c + 10$, $d + c + 1 = a$, folglich $d + e = 9$. Es sei y die größere, x die kleinere Ziffer aus dem Paar (d, e). Der nächste Schritt ist: 9yx − xy9 = u9v, wobei: $u + v = 9$, $9 + v = x + 10$, $u + x + 1 = 9$, und damit: $v = x + 1$, $u = 8 - x = y - 1$.
Die Ziffer 9 bleibt also in der Mitte der Zahl, während die äußeren Ziffern gegen 4 und 5 gehen. 495 wird in maximal 5 Schritten erreicht.

Der Beweis setzt voraus, daß a und c verschieden sind. Die neun Zahlen aus drei gleichen Ziffern sind vom Algorithmus ausgeschlossen. Das Ergebnis von Kaprekar läßt sich auf vierstellige Zahlen und andere Basen als 10 ausdehnen. Bei vier Ziffern im Dezimalsystem findet die Konvergenz gegen 6174 statt.

38

Zwei Aussagen sind durch »wenn und nur wenn ..., dann ...« verbunden:

A: Anton oder Bernhard oder beide bekommen eine Gehaltserhöhung, Christian aber nicht.
B: Anton bekommt die Gehaltserhöhung, und wenn Bernhard sie bekommt, dann auch Christian.

Sie sind entweder beide wahr oder beide falsch.
A ist wahr, wenn die beiden durch »und« verbundenen Aussagen wahr sind, und falsch, wenn eine davon falsch ist.
Da das Ziel ist, zweien der drei Angestellten eine Gehaltserhöhung zu gewähren, ist A wahr, wenn nur Anton und Bernhard die Erhöhung bekommen.
Dann ist der erste Teil von B wahr: Anton bekommt die Gehaltserhöhung. Aber der zweite Teil ist falsch: Bernhard bekommt die Erhöhung, Christian aber nicht. Also ist B falsch.
A und B können nicht beide wahr sein. Können sie beide falsch sein?
Wenn das Gehalt von Anton und Christian erhöht wird, ist A wegen des zweiten Teils falsch. Nun ist die erste Behauptung von B wahr und genauso die zweite, da eine Implikation bei falscher Bedingung immer wahr ist.
Wenn schließlich Bernhard und Christian die Erhöhung bekommen, bleibt A falsch, und B ist falsch wegen des ersten Teils.

Es sind also Bernhard und Christian, die die Gehaltserhöhung bekommen.

39

Jean-Marie Savet gibt eine sehr einfache Lösung an:

Fläche BGH = $\frac{1}{6}$ Kreisfläche − Fläche des halben gleichseitigen Dreiecks GCH

$$= \frac{\pi}{6} - \frac{\sqrt{3}}{8}.$$

2 · Fläche BHG + Fläche des Quadrats HCFO = $\frac{1}{4}$ Kreisfläche + $\frac{1}{4}$ S (Fläche des krummlinigen Vierecks), also

$$2\left(\frac{\pi}{6} - \frac{\sqrt{3}}{8}\right) + \frac{1}{4} = \frac{\pi}{4} + \frac{1}{4}\,S, \text{ so daß}$$

$$S = \frac{\pi}{3} - \sqrt{3} + 1; \text{ das entspricht etwa } 0{,}31.$$

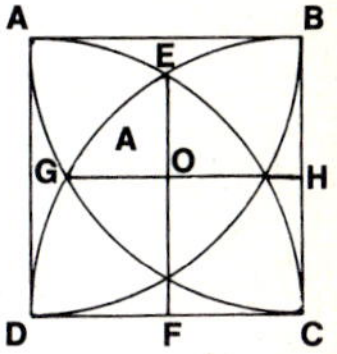

40

Sie können diese Leistung allein und mit 14 Rationen Wasser vollbringen, wenn Sie mehrere Gänge machen, um auf dem Weg Wasservorräte anzulegen.
Starten Sie mit Wasser für fünf Tage, deponieren Sie davon die Rationen für drei Tage nach einem Tagesmarsch in der Wüste und kehren Sie zurück.
Machen Sie sich mit fünf Rationen wieder auf den Weg. Nach einem Tag entnehmen Sie eine Ration der vorher angelegten Reserve und gehen weiter, um nach einem weite-

ren Tagesmarsch zwei Rationen zu deponieren. Dann kehren Sie zurück.
Machen Sie sich nun mit Wasser für vier Tage wieder auf und nehmen Sie jedesmal, wenn Sie an einem Ihrer Vorräte vorbeikommen, eine Ration Wasser mit. So gelangen Sie bis zu Ihrem Ziel und wieder zurück.
Diese Lösung ist viel besser als die vorherige, da sie mit sechs Wasserrationen weniger auskommt. Aber sie ist deswegen noch nicht die beste. Weiteres erfahren Sie in Aufgabe 80.

41

Der dreistellige Divisor, der bei Multiplikation mit 8 wieder eine dreistellige Zahl ergibt, muß zwischen 100 und 124 einschließlich liegen. 9 ist die einzige Ziffer, deren Produkt mit dem Divisor eine vierstellige Zahl sein kann, 9 muß also die letzte Stelle des Quotienten sein.
Weil die erste Subtraktion nur eine zweistellige Zahl ergibt, muß die erste Ziffer des Quotienten größer als 7 sein. Da sie nicht 9 sein kann, muß sie 8 sein. Die restlichen Ziffern des Quotienten sind 0.
Weil die erste Subtraktion als Ergebnis die zweistellige Zahl 10 hat (sonst könnte die zweite Subtraktion keine zweistellige Zahl ergeben), muß das Achtfache des Divisors mindestens 990 sein, so daß für den Divisor nur 124 in Frage kommt. Es ergibt sich also:

```
10020316 : 124 = 80809
992
 1003
  992
   1116
   1116
```

42

Wir setzen in den Schnittkörper eine Kugel, die beiden Zylindern einbeschrieben ist. Dann schneiden wir die Figur mit Ebenen parallel zu den Zylinderachsen. Das Volumen des Schnittkörpers ergibt sich als Integral über die Schnittflächen dieser Ebenen mit dem Schnittkörper. Da die Zylinder parallel zu ihren Achsen geschnitten werden, sind diese Schnittflächen Quadrate. Die den Quadraten einbeschriebenen Kreise sind die Schnitte mit der Kugel. Da sich das Volumen der Kugel als Integral über die Kreise ergibt, stehen die Volumina des Schnittkörpers und der Kugel im gleichen Verhältnis wie die Flächen von Quadrat und Kreis:

$$V : \frac{4}{3}\pi = 4 : \pi \text{ und damit: } V = \frac{16}{3}.$$

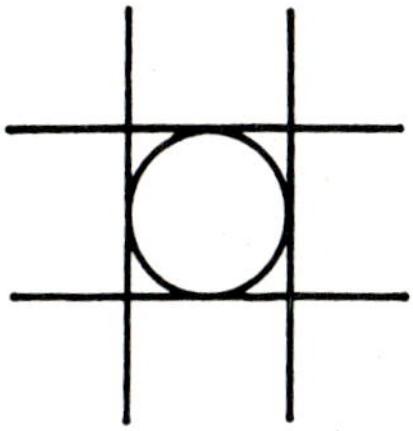

43

Die letzte Ziffer, nach der gefragt wurde, hängt nicht von der dreistelligen Ausgangszahl ab; ich hoffe, Sie haben sie nicht berechnet. Tatsächlich haben eine ganze Zahl und ihre fünfte Potenz immer dieselbe Einerziffer. Die Unwahrscheinlichkeit der Ausgangszahl kann Sie zu systematischem Probieren veranlassen, wodurch Sie schnell zu diesem Ergebnis kommen.
(Siehe auch Aufgabe 125).

44

Es sei L der Weg, den der Vater zu Fuß zurücklegt. Er braucht insgesamt an Stunden:

$$\frac{L}{6} + \frac{60 - L}{12}$$

Aber der Sohn reitet, wenn der Vater läuft und umgekehrt, so daß er insgesamt braucht:

$$\frac{L}{12} + \frac{60 - L}{8}$$

Durch Gleichsetzen erhält man:

$$\begin{aligned} 4\,L + 120 - 2\,L &= 2\,L + 180 - 3\,L \\ 3\,L &= 60 \\ L &= 20 \end{aligned}$$

Als Zeit ergibt sich damit 6 Stunden 40 Minuten.

Kann man dieser Lösung Glauben schenken? Ich tat es, als das Problem zum ersten Mal erschien. Vielleicht waren Sie wachsamer.

In Wirklichkeit sind der Reiterwechsel und die gemeinsame Ankunft nur dann möglich, wenn der, der gerade reitet, nur so schnell reitet wie der andere läuft oder später auf ihn wartet, was auf dasselbe hinausläuft. So ergibt sich, daß die Aufgabenstellung nicht ausreicht, um festzustellen, ob der Sohn die ganze Strecke gelaufen ist (7 Stunden 30 Minuten), nur einen Teil oder gar nicht (10 Stunden).

45

Um den Scheitel O des gegebenen Winkels ∢AOB wird ein Kreis mit Radius OA = OB geschlagen. Man trägt diesen Radius als Strecke CD auf dem Rand eines Papierstreifens ab. Dieser wird nun so bewegt, daß B immer auf dem Rand des Streifens liegt und D auf dem Kreis entlangwandert, und zwar so lange, bis C auf die Gerade AO zu liegen kommt. ∢ACB ist dann ein Drittel von ∢AOB.
Beweis: Da CD = OD = OB, sind die Dreiecke COD und DOB gleichschenklig, d. h. ∢OCD = ∢DOC und ∢ODB = ∢DBO. Weiterhin ergibt sich: ∢ODB = ∢OCD + ∢DOC = 2 ∢OCB, und schließlich: ∢AOB + ∢COD = ∢ODB + ∢DBO, woraus folgt: ∢AOB = 3 ∢ACB.

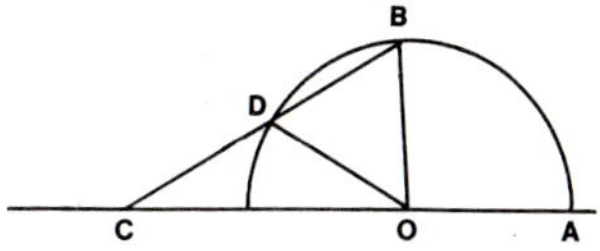

46

Anstatt die Intervalle zwischen den einzelnen Reizungen zu betrachten, wollen wir die Abstände zur ersten Beobachtung untersuchen. Man erhält: 2, 4, 9, 12, 13, 16, 20, 23, 26, 28, 30, 36, 37, 39, ...
Würde es sich nur um eine sich normal verhaltende, also regelmäßig wachsende, Wimper handeln, bekäme man eine arithmetische Folge. Da die Folge aber nicht arithmetisch ist, muß der Vorgang komplizierter sein. Könnte es nicht mehrere, verschieden schnell wachsende Wimpern geben?
Die Folge enthält eine bei 0 beginnende arithmetische Teilfolge: 0, 13, 26, 39, ... Die anfangs ausgerissene Wimper könnte in 13 Tagen nachwachsen. Die übrigen Beobachtungen können nur als zwei arithmetische Folgen, die eine mit

Differenz 7 bei 2 beginnend, die andere mit Differenz 8 bei 4 beginnend, gedeutet werden.
Die Reizung kann also durch drei Wimpern, die in 7, 8 und 13 Tagen nachwachsen, hervorgerufen werden.

47

In derselben Zeit kann der Mann das letzte Drittel der Brükke durchlaufen oder um ein Drittel zurücklaufen. Zu diesem Zeitpunkt erreicht der Zug das eine Ende der Brücke. Da der Mann über das andere Ende entkommen kann, legt der Zug in der gleichen Zeit die Länge der Brücke zurück wie der Mann ein Drittel davon. Die Geschwindigkeit des Mannes beträgt also 15 Stundenkilometer.

48

Ein Springerzug führt entweder auf eine benachbarte Spalte oder auf eine benachbarte Zeile.
Von jeder der ersten $(p - 1)$ Spalten gibt es $(q - 2)$ Züge auf die folgende Spalte nach unten und genauso viele nach oben. Zusammen mit den Sprüngen auf die vorangehende Spalte sind das $4\,(p - 1)\,(q - 2)$.
Entsprechend gibt es von jeder der $(q - 1)$ oberen Zeilen $(p - 2)$ Züge auf die darunterliegende nach rechts und nach links. Mit den Sprüngen auf die darüberliegende Zeile sind das $4\,(p - 2)\,(q - 1)$.
Insgesamt also:

$$4\,[(p - 1)\,(q - 2) + (p - 2)\,(q - 1)] =$$
$$= 4\,(2\,pq - 3\,p - 3\,q + 4)$$

Auf dem 7×9-Brett gibt es 328 mögliche Springerzüge.

49

Es handelt sich in Wirklichkeit darum, die Gleichung $x^2 + y^2 = (x - y)^3$ in positiven ganzen Zahlen zu lösen.
Die Gleichung läßt sich auch folgendermaßen schreiben:

$$(x + y)^2 = (x - y)^2 (2(x - y) - 1).$$

Durch Umformen erhält man:

$$2(x - y) - 1 = \left(\frac{x + y}{x - y}\right)^2 = \left[1 + 2\left(\frac{y}{x - y}\right)\right]^2 = (2n + 1)^2.$$

Es folgt:

$$x - y = \frac{(2n + 1)^2 + 1}{2}$$

$$x + y = \frac{(2n + 1)((2n + 1)^2 + 1)}{2}$$

und damit:

$$x = (n + 1)(2n^2 + 2n + 1)$$
$$y = n(2n^2 + 2n + 1).$$

Für $n = 1$ ergeben sich 125 kleine Würfel, mit denen man Quadrate der Seitenlängen 5 und 10 zusammensetzen kann.

50

Die Brüche können folgendermaßen geschrieben werden:

$$\frac{1}{1 \cdot 5}, \frac{1}{5 \cdot 9}, \frac{1}{9 \cdot 13}, \frac{1}{13 \cdot 17}, \frac{1}{17 \cdot 21}$$

Der nächste wird sein:

$$\frac{1}{21 \cdot 25} = \frac{1}{525}$$

Das allgemeine Glied:

$$\frac{1}{[1 + 4\,(n - 1)]\,(1 + 4n)}$$

Wir berechnen die Summe im allgemeinen Fall. Man sieht, daß:

$$s_1 = \frac{1}{1 + 4}; \quad s_2 = \frac{2}{9} = \frac{2}{1 + 3 \cdot 4};$$
$$s_3 = \frac{3}{13} = \frac{3}{1 + 3 \cdot 4}; \ldots$$

Man bestätigt die Formel für den allgemeinen Fall durch vollständige Induktion:

Angenommen, es gilt: $s_n = \frac{n}{1 + 4n}$, dann folgt:

$$s_{n+1} = \frac{n}{1 + 4n} + \frac{1}{(1 + 4n)\,[1 + 4\,(n + 1)]}$$
$$= \frac{n + 1}{1 + 4\,(n + 1)}$$

Die Summe der ersten 13 Glieder ist demnach $\frac{13}{53}$.

51

Obere Ebene:	10	26	6
	24	1	17
	8	15	19
Mittlere Ebene:	23	3	16
	7	14	21
	12	25	5
Untere Ebene:	9	13	20
	11	27	4
	22	2	18

Man wird bemerken, daß dieser magische Würfel durch eine Folge gleichartiger Schritte, die regelmäßig durch andere Schritte unterbrochen wird, erstellt wird. Man nimmt an, daß der Würfel in allen Richtungen an gleichartige Würfel grenzt und erhält:

- normaler Schritt: Schritt um eins nach Süden und unten;
- nach jedem Vielfachen von 3: Schritt um eins nach Südost und unten;
- nach jedem Vielfachen von 9: Schritt um eins nach unten.

52

Auf einer Geraden seien AB und AC die Längen a und b. Man schlägt den Kreis um C mit Radius CA. Dann trägt man auf der Geraden von B aus in Richtung A die Länge AC ab und erhält D. Der Kreis um D mit diesem Radius schneidet den ersten in E. EA ist das geometrische Mittel von AB und AC.
Beweis: Die Dreiecke EAB und ACE sind gleichschenklig

und ähnlich, da sie einen gemeinsamen Basiswinkel haben. Folglich gilt:

$$\frac{AB}{EA} = \frac{EA}{AC} \text{ und damit } EA = \sqrt{AB \cdot AC}.$$

Diese Konstruktion scheint Thomas Strode 1684 gefunden zu haben.

53

Hier sind einige Möglichkeiten, die Folge 1, 2, 3, 4, 5 fortzusetzen:

1. u_n ist die kleinste Zahl, für die n Teiler von $u_n!$ ist:
   1, 2, 3, 4, 5, 3, 7, 4, 6, 8, 11, ...

2. Die kleinste Anzahl dritter Potenzen, als deren Summe n dargestellt werden kann:
   1, 2, 3, 4, 5, 6, 7, 1, 2, 3, 4, 5, 6, 7, 8, 2, ...

3. Die kleinste Anzahl vierter Potenzen, als deren Summe n dargestellt werden kann:
   1, 2, 3, 4, 5, 6, 7, 8, 9, 10, 11, 12, 13, 14, 15, 1, ...

4. Folge der natürlichen Zahlen, die durch jede ihrer Ziffern teilbar sind:
   1, 2, 3, 4, 5, 6, 7, 8, 9, 11, 12, 15, 22, 24, 33, 36, ...

5. Folge der natürlichen Zahlen ohne Primfaktoren größer 7:
   1, 2, 3, 4, 5, 6, 7, 8, 9, 10, 12, 14, 15, 16, 18, 20, ...

6. Folge der palindromischen Zahlen (mit symmetrischer Ziffernfolge):
   1, 2, 3, 4, 5, 6, 7, 8, 9, 11, 22, 33, 44, 55, 66, ...

7. Folge der natürlichen Zahlen, die Potenzen von Primzahlen sind:
   1, 2, 3, 4, 5, 7, 8, 9, 11, 13, 16, 17, 19, ...

Man sieht, daß es nicht einmal reicht, die Folge bis zum 10. Glied vorzuschreiben, um die Mehrdeutigkeit zu beseitigen.

54

EF ergibt sich durch Falten von BC auf AD.
Man macht eine Faltung durch D, so daß C auf EF zu liegen kommt, dieser Punkt auf EF ist G.
Man faltet durch G (die vorherige Faltung muß dazu beibehalten werden), so daß A auf AD und B auf BC zu liegen kommen. Der Falz ist HI.
IC wird auf IH gefaltet; J ist der Berührungspunkt von C auf IH.
Man faltet durch J (unter Beibehaltung der vorherigen Faltung), so daß A auf AB und D auf DC zu liegen kommen. Der Falz ist JK. IJKC ist ein Quadrat. Nun gilt im Dreieck DHG: $DG = 1$, $HG = \frac{1}{2}$. Daraus ergibt sich:

$$HD^2 = DG^2 - HG^2 = 1 - \frac{1}{4} = \frac{3}{4} = JK^2.$$

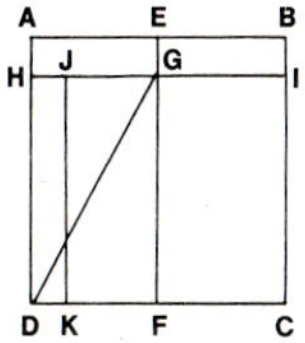

55

So kann man mit neun Geraden 21 Dreiecke erzeugen:

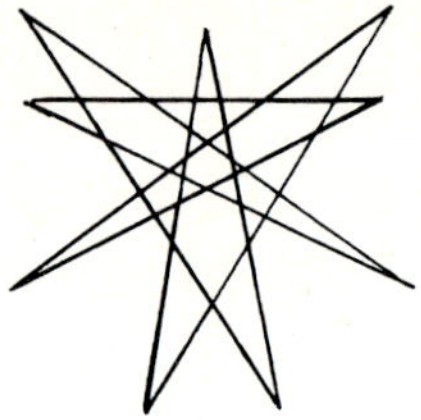

56

Es ist nicht möglich, aus 27 Ziegeln mit den Abmessungen $2 \times 1 \times 0{,}5$ einen $3 \times 3 \times 3$-Würfel zusammenzusetzen.
Beweis: Wir denken uns den Würfel aus 27 kleinen $1 \times 1 \times 1$-Würfeln zusammengesetzt, die abwechselnd aus weißem und aus schwarzem Material hergestellt sind. Gleichfarbige Würfel berühren einander nur mit den Kanten.
Wenn die Ziegelsteine zum Würfel zusammengesetzt sind, ist jeder parallel zu den Seitenflächen des Würfels und beansprucht deshalb genausoviel an schwarzem wie an weißem Volumen, ob er nun in zweien der Würfel enthalten ist oder sich über drei oder mehr erstreckt. Insgesamt ergeben die 27 Ziegel 13,5 weiße und 13,5 schwarze Würfel, was nicht möglich ist.

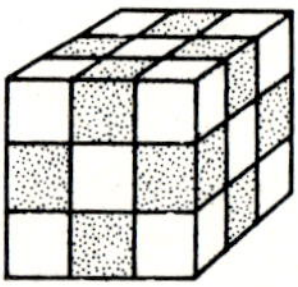

57

Wir nehmen an, der Spieler befindet sich im Punkt X und ziehen den Kreis durch X und die beiden Torpfosten B_1 und B_2. Wenn dieser Kreis die Seitenlinie noch in einem weiteren Punkt X′ schneidet, ist es gleichwertig, von X oder von X′ aus zu schießen, weil die Winkel gleich sind. Besser ist es jedoch, von einem Punkt im Inneren der Strecke XX′ zu schießen, da dort der Winkel größer ist. X ist also nur dann der optimale Punkt, wenn der Kreis die Seitenlinie dort berührt. Für diesen Fall berechnen wir die Potenz der Ecke C bezüglich des Kreises:

$$CX^2 = CB_1 \cdot CB_2 = (35 - 3{,}66)\,(35 + 3{,}66),$$
also $CX = 34{,}81$ m.

Der optimale Punkt befindet sich in einer Entfernung von 34,81 Metern von der Eckfahne.

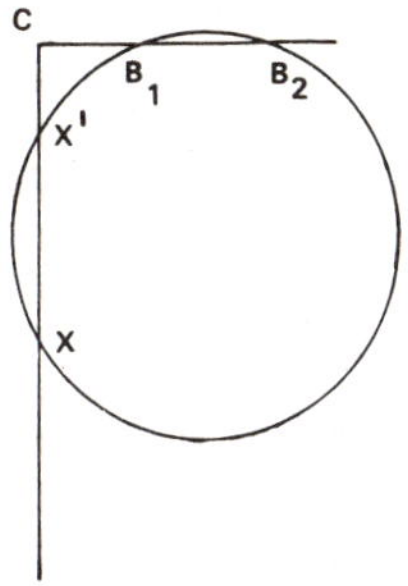

58

Fünf Überquerungen reichen aus, um n Paare mit einem (n − 1) Personen fassenden Boot überzusetzen:

– (n − 1) Frauen fahren ans andere Ufer.

- (n − 2) Frauen bleiben dort, die andere bringt das Boot zurück.
- Die Frau, die zurückgekommen ist, bleibt (um sich auszuruhen) mit ihrem Mann und einem anderen Paar am Ufer, während die übrigen (n − 2) Männer das Boot nehmen, um zu ihren Frauen zu fahren.
- Ein Paar kehrt zurück.
- Die drei letzten Paare setzen über.

59

Die Folge der Teiler von $27720 = 2^3 \cdot 3^2 \cdot 5 \cdot 7 \cdot 11$ ist: 1, 2, 3, 4, 5, 6, 7, 8, 9, 10, 11, 12, 14, 15, 18, 20, 21, 22, ... 13 kommt nicht vor.

Wenn man auf ähnliche Weise eine Folge definiert als die Menge der Zahlen (der Größe nach geordnet), die mit einer solchen Zahl (wie 27720) einen gemeinsamen Teiler größer 1 haben, so ist es möglich, eine beliebige Primzahl auszuschließen, aber alle vorhergehenden Zahlen vorkommen zu lassen.

Als ich diese Aufgabe veröffentlichte, schien es mir unmöglich, gleichermaßen eine Nicht-Primzahl auszuschließen; aber zwei Leser, Emmanuel Clavier und Filipe Queiro, haben mich eines Besseren belehrt. Es genügt, die Gaußsche Klammerfunktion zu verwenden, die jeder Zahl ihren ganzen Teil zuordnet (genauer: [x] ist die größte ganze Zahl kleiner oder gleich x). So tritt z. B. 14 in der folgenden Folge nicht auf, wohl aber die Zahlen drumherum:

$$u_n = \left[n + \frac{n}{14} \right].$$

60

Wir untersuchen zunächst vier Felder mit gemeinsamer Ecke:

A	B
C	D

Wenn A a enthält und B ab, ein Vielfaches von a, dann ist es möglich, D mit b zu füllen (wenn a und b teilerfremd sind), aber es ist unmöglich, C eine Zahl zuzuordnen, da diese nicht einen gemeinsamen Faktor mit a oder b haben kann, ohne einen mit ab zu haben. Zwei Felder mit gemeinsamer Kante können also nie zwei Zahlen enthalten, von denen die eine ein Vielfaches der anderen ist, wohl aber zwei Zahlen der Form ab und ac, wobei b und c teilerfremd sind.
Die erste Zeile könnte folgende Form haben:

ab ac ad ae

Und die erste Spalte:

ab fb gb hb

etc. Man wird dazu geführt, eine Art Multiplikationstafel der kleinsten acht Primzahlen aufzustellen. Damit ihre Produkte möglichst klein werden, werden die kleineren vier den größeren vier gegenübergestellt, was dann so aussehen kann:

	2	3	5	7
11	22	33	55	77
13	26	39	65	91
17	34	51	85	119
19	38	57	95	133

Es sei durch PQ die Einheitslänge gegeben. Man zeichnet folgende Kreise:

- Kreis um P durch Q;
- Kreis um Q durch P; R und M sind die Schnittpunkte mit dem ersten Kreis;
- Kreis um R durch P und Q; T ist Schnittpunkt mit dem ersten, S Schnittpunkt mit dem zweiten Kreis;
- Kreis um T durch P und R; U ist Schnittpunkt mit dem ersten Kreis.

SU ist die gesuchte Länge.

Beweis: SM ist Durchmesser des Kreises um Q, also liegt Q auf SM. QU ist Durchmesser des Kreises um P, folglich ist das Dreieck MUQ und damit auch das Dreieck MUS rechtwinklig. Es folgt:

$$SU^2 = MS^2 + MU^2 = (1 + 1)^2 + \sqrt{3}^2 = 4 + 3 = 7,$$
$$SU = \sqrt{7}.$$

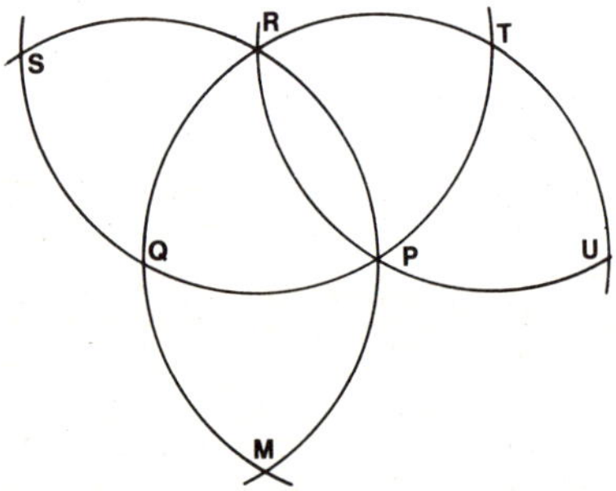

62

Wir schreiben alle Zahlen von 1 bis N in einer Spalte untereinander, und zwar rechtsbündig, so daß alle Einerziffern untereinander stehen. Wir fügen oben eine Zeile von m Nullen hinzu und fügen an jede Zahl links so viele Nullen an, daß sie m Ziffern bekommt. Die Tabelle enthält jetzt m (N + 1) Ziffern. Wie viele Nullen sind wieder abzuziehen?
Von den Zahlen von 10^{m-1} bis N keine. Es sind: 10^{m-1} in der ersten Spalte von Ziffern, 10^{m-2} in der zweiten, ..., 10 in der vorletzten und eine in der letzten. Insgesamt also:

$$1 + 10 + 10^2 + \ldots + 10^{m-1} = \frac{10^m - 1}{9}$$

(eine Zahl aus lauter Einsen)

Es bleiben also: $m\,(N + 1) - \frac{10^m - 1}{9}$ Ziffern übrig.

63

Es steht immer eine gerade Anzahl Bauern auf weißen Feldern.
Die Zeilen und Spalten seien von links unten beginnend durchnumeriert. Die Koordinaten der schwarzen Felder (1, 1), (1, 3), (1, 5), ... (2, 2), (2, 4), ... sind stets von gleicher Parität, die der weißen Felder (1, 2), (1, 4), ..., (2, 1), ... von verschiedener.
Eine Verteilung der Bauern auf verschiedene Zeilen und Spalten läßt sich so schreiben: $(1, y_1)$, $2, y_2)$, ... (n, y_n), wo alle y_i verschieden sind. Die Summe $(1 + y_1) + (2 + y_2) + \ldots + (n + y_n)$ ist gerade, denn sie ist das Doppelte der Summe der ersten n nat. Zahlen. Wenn man alle Klammern mit gerader Summe (das sind die schwarzen Felder) weg-

läßt, bleibt eine gerade Summe ungerader Zahlen übrig, die folglich gerade viele Summanden haben muß. Die Anzahl der weißen Felder ist also gerade.

64

Die Herren Desvignes, Handfus und Thiébault schlugen den veröffentlichten Rekord, indem sie die größte verwendete Zahl auf 33 herunterdrückten, zum Beispiel:

5	22	3	7
2	15	14	9
27	26	33	4
13	21	10	11

Michel Criton stellt eine weitere interessante Frage: Kann ein Quadrat gleichzeitig knifflig und magisch sein (gleiche Zeilen-, Spalten- und Diagonalensummen haben)?

65

So kann man den Stern auf einfache Weise in ein Quadrat verwandeln:

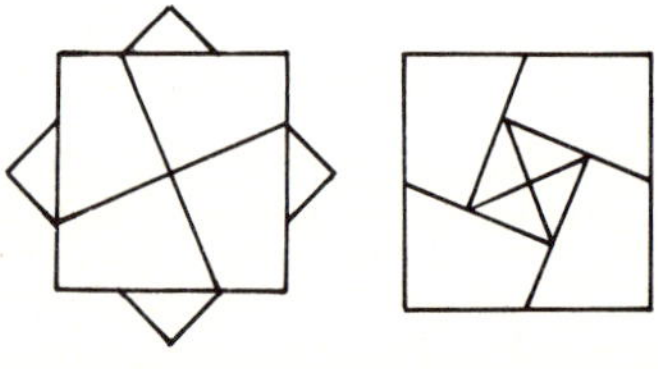

66

Die Zeichnungen zeigen die 12 Möglichkeiten, fünf Hölzer zu verbinden. Bei sechs Hölzern gibt es 28 Möglichkeiten, bei sieben Hölzern 74 und bei acht Hölzern 207.

67

Einige Versuche zeigen, daß 177 die kleinste Zahl ist, die sich auf dic acht geforderten Arten als Summe dreier Primzahlen darstellen läßt. Die magische Anordnung ist bis auf Symmetrie eindeutig.

101	5	71
29	59	89
47	113	17

68

Das Quadrat wird in beiden Richtungen je einmal in der Mitte gefaltet. So entstehen EF und GH sowie der Mittelpunkt O. Sodann werden AD und BC auf EF gefaltet, um IJ und KL zu erhalten.
Jetzt wird der Teil rechts von EF nach hinten gefaltet, danach ebenfalls der Teil unterhalb von GO. Nun kann mit einer durch G gehenden Faltung O auf IJ zu liegen gebracht werden (Punkt M). Unter Beibehaltung dieser Faltung kann nun GM gefaltet werden, wobei sich GM = GO ergibt. Auf entsprechende Weise bekommt man GQ = HP = HN.
Da ∢OGM = 60° und GO = MN = PQ, ist GQPHNM ein regelmäßiges Sechseck.

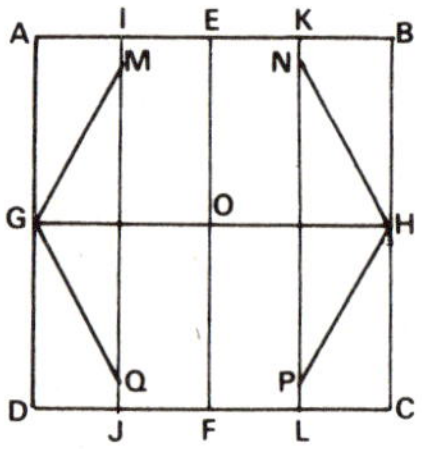

69

Zwischen den Achsen Ox und Oy, die einen Winkel von 60° einschließen, konstruieren wir ein Parallelogramm, das in gleichseitige Dreiecke zerlegt ist. Ox steht für den 5-Liter-Krug A, in O ist er leer, in A voll. Entsprechend steht Oy für B, den 3-Liter-Krug. C sei der 8-Liter-Behälter.
Die drei möglichen Arten, Wasser zwischen den Krügen umzugießen, sind:

- y bleibt konstant, wenn von C nach A oder umgekehrt gegossen wird;

– x bleibt konstant beim Gießen von C nach B oder umgekehrt;
– x + y bleibt konstant beim Gießen von A nach B oder umgekehrt.

Das Ziel ist es, von O ausgehend über einen Zickzackweg in Z zu landen. Jede Teilstrecke durchquert dabei das ganze Parallelogramm. Außerdem ist es immer günstiger, die Parallelogrammseite wie eine Billardkugel symmetrisch wieder zu verlassen als unter einem anderen Winkel.
Man kann entlang der einen oder der anderen Achse starten:
Entweder: OA – Ae – ef – fg – gh – hi – iZ.
Oder: OB – Bj – jk – kl – lm – mn – no – oZ.
Die erste Lösung kommt mit nur sechs Operationen aus.

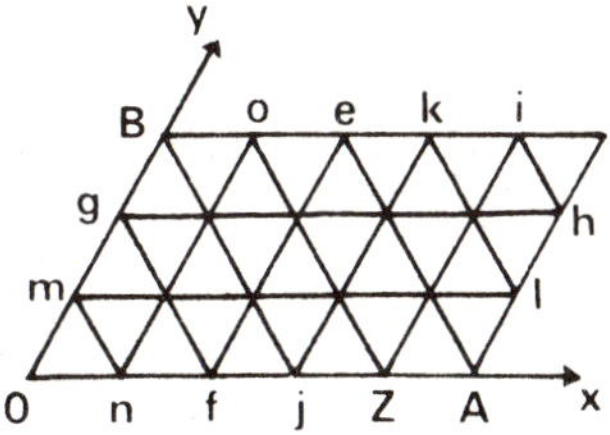

70

Der ausgelobte Gegenstand wird mit Sicherheit von einem Hörer gewonnen, der die zehn Fragen stellt, oder von zehn Hörern, die sich gegenseitig helfen, wenn die erste Schätzung um höchstens 511 Francs daneben lag. Man erreicht dann den Preis P durch sukzessives Halbieren des in Frage kommenden Intervalles.
Es sei N_1 die erste Schätzung. Wenn sie falsch ist, dann ist die zweite Schätzung:

$$N_2 = N_1 + 256, \quad \text{wenn } N_1 < P$$
$$N_2 = N_1 - 256, \quad \text{wenn } N_1 > P$$

(Bei $P < 256$ wird die Sache noch einfacher.)
Entsprechend:

$$N_3 = N_2 + 128, \text{ wenn } N_2 < P$$
$$N_3 = N_2 - 128, \text{ wenn } N_2 > P$$

usw.
Schließlich:

$$N_{10} = N_9 + 1, \text{ wenn } N_9 < P$$
$$N_{10} = N_9 - 1, \text{ wenn } N_9 > P$$

Im schlimmsten Fall ist $|N_1 - N_{10}| = 256 + 128 + 64 + 32 + 16 + 8 + 4 + 2 + 1 = 511$. Es wird also das gesamte Intervall $(N - 511, N + 511)$ abgedeckt.

71

Der wesentliche Punkt ist, die Menge Gras, die an einem Tag auf einem Ar wächst, als Anteil h der zu Beginn dort vorhandenen Grasmenge anzusetzen. Es fressen also 75 Ochsen in 12 Tagen $(60 + 12 \cdot 60\,h)$ »Einheiten« Gras. An einem Tag frißt also ein Ochse: $\frac{60 + 12 \cdot 60h}{12 \cdot 75}$, aber auch:

$\frac{72 + 15 \cdot 72h}{15 \cdot 81}$. Gleichsetzen ergibt: $h = \frac{1}{12}$.
Man braucht also das Wachstum des Grases nicht zu berücksichtigen, wenn man jede Weide um die während der Aufenthaltszeit der Ochsen dazuwachsende Grasmenge vergrößert, also auf 120, 162 und 240 Ar. In dieser neuen Situation ergibt dann eine Dreisatzrechnung, daß, wenn 75 Ochsen für 120 Ar 12 Tage brauchen, für 240 Ar in 18 Tagen 100 Ochsen nötig sind.

72

Hier ist die zweite Verteilung von 16 Punkten, die R. Berteloot erdachte, um gleichzeitig 15 Anordnungen von vier Punkten auf einer Geraden zu erhalten:

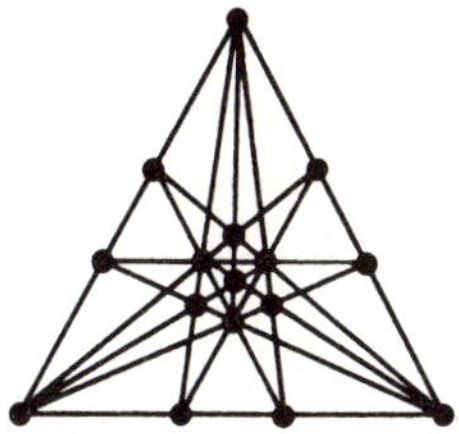

73

1. Wenn eine Ecke abgeschnitten wird, bleibt nur eine Achse übrig: Die Symmetrieachse der Ordnung 3, die durch diese Ecke ging.
2. Wenn man zwei Ecken abschneidet, bleiben 3 Achsen der Ordnung 2 und eine der Ordnung 3.
3. Wenn man vier nicht benachbarte Ecken abschneidet, bleiben drei Achsen der Ordnung 2 (die ehemaligen Achsen der Ordnung 4) und 4 Achsen der Ordnung 3.

74

Das Problem wird einfach, wenn man die Felder so umordnet, daß sie benachbart sind, wenn sie durch einen einfachen Zug verbunden sind. Die Züge bestehen jetzt also darin, auf ein benachbartes freies Feld zu gehen. Die Steine befinden sich in der Ausgangsstellung. Man sieht sofort, daß sie sich nicht gegenseitig überspringen können; sie können also nur in zyklischen Permutationen auf den Feldern 1, 4, 2, 3 erscheinen: ADBC, DBCA, BCAD und CADB. Das entspricht folgenden Permutationen auf 1 2 3 4: ABCD, DCAB, BADC, CDBA.

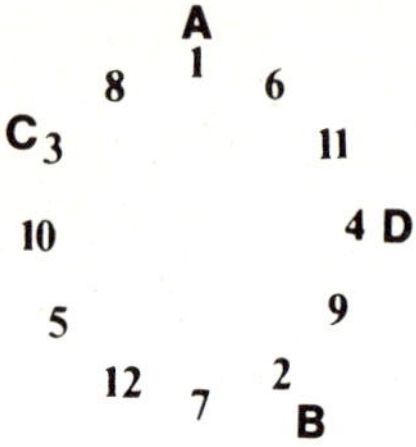

75

Dieses Quadrat von Michel Gyment ist gleichzeitig magisch (seine Zeilen-, Spalten- und Diagonalensummen sind gleich) und antiknifflig:

3	32	39	16
40	9	14	27
21	34	33	2
26	15	4	45

Gibt es größere Quadrate dieser Art? Gibt es Quadrate, die gleichzeitig magisch und knifflig (Aufgabe 60) sind?

76

Die Zahlen 14 und 21 als Vielfache von 7 regen dazu an, es mit einem siebenzackigen Stern zu versuchen, was zu folgender Lösung führt:

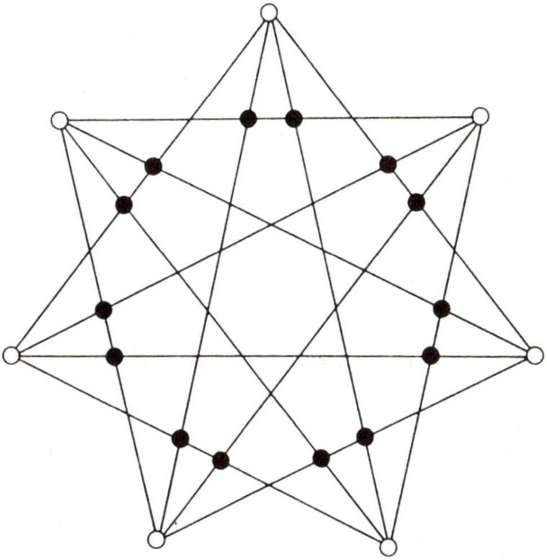

77

Es sei auf einem Kreis jeder Bruder durch einen Punkt dargestellt und mit dem Platz seiner Gattin durch eine Sehne verbunden. Wenn man systematisch alle Möglichkeiten für die sechs Sehnen durchgeht, erhält man neun wesentlich verschiedene Anordnungen, d. h. Anordnungen, die nicht durch Spiegelung oder Drehung ineinander überführt werden können.
Die erste Figur ergibt zwei Verteilungen der Frauen (so wie sie ist oder gespiegelt). Genauso ergibt die zweite zwei mögliche Verteilungen. Die anderen ergeben der Reihe nach: 4, 6, 6, 12, 12, 12 und 24 Möglichkeiten. Insgesamt

erhält man so 80 Möglichkeiten, die demnach nach 40 Jahren erschöpft sind.

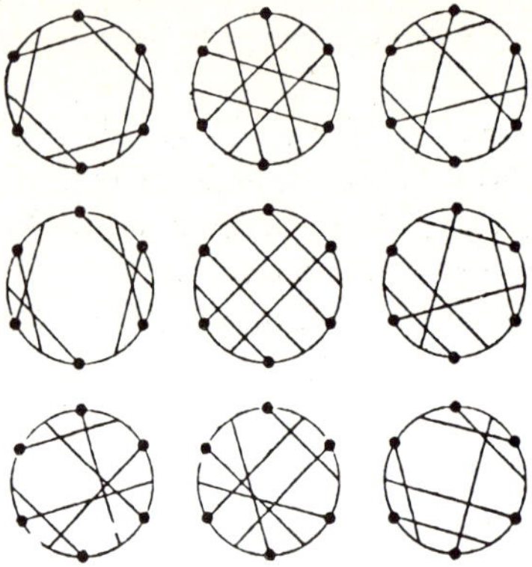

78

Hier ist eine Möglichkeit, aus L-förmigen Steinen einen 3 × 3 × 3-Würfel zusammenzusetzen, ohne daß zwei der Steine so ineinandergefügt sind, daß sie einen 1 × 2 × 3-Quader bilden:

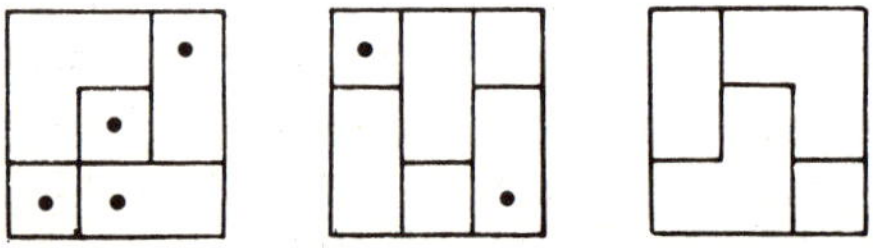

79

Es scheint keine rechnerische Lösung zu geben, bei der man ohne Probieren auskommt. Es ist also einfacher, sich Papierstreifen her- oder vorzustellen, die im Abstand von 5 bzw. 4 Zentimetern markiert sind. Indem man, Sekunde für Sekunde, die sieben Positionen ausprobiert, in denen die Uhren um höchstens drei Sekunden auseinander sind, findet man, daß 13 Schläge in fünf Positionen möglich sind, jedesmal um 9 Uhr. Auf die genaue Differenz der Uhren kommt es nicht an.

Zwei Leser, Henri Boglin und Jean-Marie Jaccarini, haben eine andere Lösung vorgeschlagen: Wenn man auch Unterschiede im Gang zuläßt, die keine ganze Zahl von Sekunden darstellen, kann es – bei einem Unterschied zwischen zwei und drei Sekunden – auch um 8 Uhr 13 Schläge geben.

80

Hier ist eine Lösung mit nur 11,5 Wasserrationen. Sie wurde von G. Canevet, John Harris, B. Goguel und B. Erly gefunden, die es gewagt haben, die »Mauer der Ganzheit« zu durchbrechen, indem sie auch Bruchteile von Tagesmärschen in Erwägung zogen.

A sei der Ausgangspunkt, B der Punkt, der einen Viertel Tagesmarsch davon entfernt ist, C in einer Entfernung von eineinhalb Tagesmärschen und D das Ziel.

Der Fahnenträger startet mit 5 Rationen, von denen er 4,5 in B deponiert, und kehrt zurück. Er macht sich wieder auf den Weg unter Mitnahme von 5 Wasserrationen, entnimmt B im Vorbeikommen 0,25, lagert 2,5 in C und kehrt zurück, wobei er B nochmals um 0,25 Rationen erleichtert. Er startet ein letztes Mal von A, nimmt für 1,5 Tage Wasser mit, entnimmt im Vorbeikommen 3,75 von B, dann 1,25 von C, stellt in D die Fahne auf und benutzt auf dem Rückweg die restlichen Vorräte: 1,25 Rationen in C und 0,25 in B.

Glauben Sie, daß mit dieser Lösung das Optimum erreicht ist? Lesen Sie Aufgabe 141!

81

Wir betrachten den Fall des ersten Spielers. Er habe k Karten, von denen b Bildkarten sind. Die Wahrscheinlichkeit, beim ersten Mal keine Bildkarte zu ziehen, ist:

$$\frac{k-b}{k},$$

die Wahrscheinlichkeit, dann beim zweiten Mal auch keine Bildkarte zu ziehen, beträgt:

$$\frac{k-b-1}{k-1}.$$

Das Produkt dieser Wahrscheinlichkeiten muß gleich $\frac{1}{2}$ sein. Umgeformt führt das auf:

$$k^2 - (1 + 4b)\,k + (2b^2 + 2b) = 0.$$

Es ergibt sich also:

$$k = \frac{1}{2}(4b + 1 \pm \sqrt{8b^2 + 1}).$$

Nun kann b nur zwischen 1 und 12 liegen, k und b müssen ganze Zahlen sein. Damit gibt es nur die Möglichkeit, daß der erste Spieler 21 Karten hat, von denen 6 Bildkarten sind, oder 4 Karten, darunter eine Bildkarte. Für den zweiten Spieler gilt dasselbe. Da der dritte Spieler am wenigsten Karten hat, müssen die ersten beiden je 21 Karten, davon 6 Bildkarten, haben. Der Dritte hat somit 10 Karten, aber keine Bildkarte.

82

Es ist einfach, auf andere Weise auf einem Quadrat ein Achteck zu falten, wenn man daran denkt, die Größe zu ändern. Man erhält ein etwas mehr als halb so großes Achteck, wenn man das Papier zunächst längs der Diagonalen faltet und dann alle auftretenden 45°-Winkel halbiert.

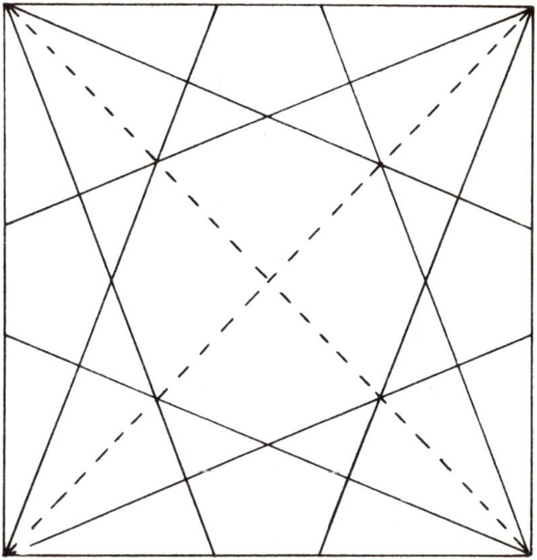

83

Die beiden letzten Aussagen von A und C sind wichtiger als die anderen, weil sie sich aufeinander beziehen und möglicherweise widersprechen. Wenn A die Wahrheit sagt, indem er ankündigt, C werde die Wahrheit sagen, dann muß man C glauben, wenn er sagt, A habe gelogen; das aber ist

unmöglich. A hat sich also geirrt, und die letzte Aussage von C ist nicht wahr. Damit sie wirklich falsch ist, muß wenigstens eine Aussage von A wahr sein. Das kann nur die erste sein, also ist B der Schuldige.
(Die Lösung setzt voraus, daß man in so einem System von Aussagen jeder Aussage widerspruchsfrei einen der Wahrheitswerte »wahr« oder »falsch« zuordnen kann. Dies muß aber nicht immer der Fall sein, wie das Beispiel

A: B ist wahr
B: A ist falsch

zeigt. Man sieht das auch an der Aufgabe, wenn man die erste Aussage von A durch eine offensichtlich falsche, z. B. »4 ist eine Primzahl«, ersetzt. Die Lösung wäre dann ein »Beweis« dafür, daß 4 eine Primzahl ist.
Diese Schwierigkeiten lassen sich nur dann vermeiden, wenn man nicht zuläßt, daß sich eine Aussage (direkt oder indirekt) auf sich selbst bezieht, oder wenn sich eine Aussage nur auf schon abgegebene Aussagen (und auf Tatsachen außerhalb des Systems) beziehen darf.

84

Die erste Ziffer einer mehrstelligen Zahl kann nicht null sein. Da die Ziffern in der linken Spalte alle verschieden sind, müßte ihre Summe mindestens 1 + 2 + 3 + 4 = 10 sein. Da das Ergebnis aber nur vier Ziffern hat, muß der Irrtum in der linken Spalte liegen. Die Summe dieser Ziffern muß dann mindestens 1 + 1 + 2 + 3 = 7 sein. Aufgrund der letzten Spalte ist X gerade, folglich gleich 8. Aus derselben Spalte folgt, daß D 1 oder 6 ist, damit die Summe 18 oder 28 ergibt. Um in der dritten Spalte die Parität zu erhalten, ist ein Übertrag von 2 notwendig. D muß also 6 sein und C ist 4.

Also muß D in der linken Spalte falsch sein. Da C gleich 4 ist, sind A und B 1 und 2 oder 2 und 1, und D ist 1. In der zweiten Spalte darf sich kein Übertrag ergeben, sie erhält jedoch einen Übertrag von 1. E kann dort nur 3 sein, und B ist 1, A ist 2.
Der Irrtum bestand darin, daß D statt B in die linke Spalte geschrieben wurde.

85

Hier ist der Gelenkmechanismus, den Laisant 1885 (?) erfunden hat, um die Dreiteilung des Winkels zu ermöglichen. Die Kreise stehen für Gelenke, die Quadrate für Gleitmechanismen. Zwei gelenkige Rauten haben einen (Halb-) Winkel gemeinsam, so daß die drei Teilwinkel am Scheitel immer gleich groß sind.

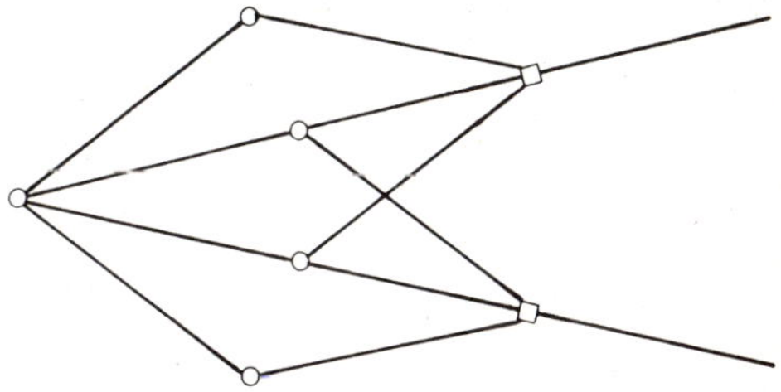

Man zählt 11 Möglichkeiten, drei Klötzchen zusammenzufügen (siehe Abbildung). Die Beschränkung auf diese Anzahl gilt jedoch nur, wenn man stillschweigend voraussetzt, daß dabei nur ganzzahlige Längen (in Vielfachen der Würfelkante) auftreten. Wenn man diese Einschränkung fallen läßt, gibt es unendlich viele Möglichkeiten.
Man sieht, daß man eine der Figuren nicht ausgehend von einer Zusammenfügung zweier Klötzchen erhalten kann.

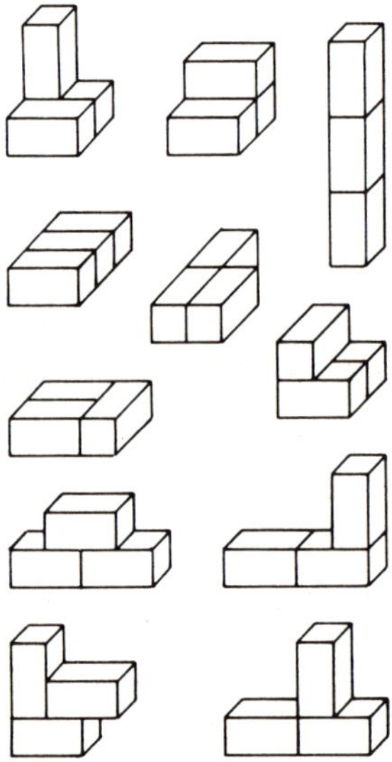

87

Man braucht mindestens vier Farben, da der König auf einem 2 × 2-Brett in einem Zug von jedem auf jedes Feld gelangen kann.
Vier Farben reichen aber auch aus, denn wenn man das Schachbrett aus identisch gefärbten 2 × 2-Brettern zusammensetzt, erhält man eine Lösung:

A	B	A	B	A	B	A	B
C	D	C	D	C	D	C	D
A	B	A	B	A	B	A	B
C	D	C	D	C	D	C	D

etc.

88

Ein Glied zu öffnen reicht nicht aus. Man bekäme dadurch drei Kettenstücke mit den Längen 1, a und b. Durch Zusammenfügen kann man daraus höchstens sieben verschiedene Längen erhalten: 1, a, b, 1 + a, 1 + b, a + b, 1 + a + b, was für 23 verschiedene Längen nicht ausreicht.
Beim Öffnen zweier Glieder, wobei fünf Stücke entstehen, gibt es sehr viel mehr Möglichkeiten. Mit folgender Teilung erhält man tatsächlich eine Lösung: 3 – 1 – 6 – 1 – 12.
Es reicht also aus, zwei Glieder zu öffnen.

89

P sei ein Punkt auf der vertikalen Tangente an den Kreis und T der Berührungspunkt der anderen Tangente durch P.
Bei vorgegebenem Winkel ∢ APT läßt sich das Gerät so justieren, daß PT den Kreis berührt. PB und PC sind dann die beiden Dreiteilenden dieses Winkels, denn die drei Winkel ∢ APB, ∢ BPC und ∢ CPT sind gleich.

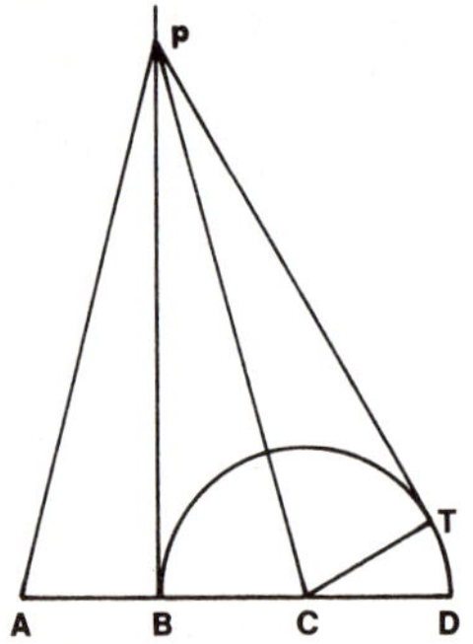

90

Wenn die fünf Zeilen in dem Quadrat die gleiche Summe ergeben, dann muß die Summe aller 25 Zahlen durch fünf teilbar sein. Sehen wir also, ob diese Summe auf 0 oder 5 endet.
Die 25 aufeinanderfolgenden palindromischen Zahlen ab 11 sind: 11, 22, ..., 99, 101, 111, 121, ..., 191, 202, ..., 252. Die Summe ihrer Einerziffern ist 67. Die Summe der 25 Zahlen kann also nicht durch fünf teilbar sein.

91

Hier sehen Sie, wie man das Kreuz zerschneiden und die Teile zum Quadrat zusammensetzen muß. Die Lösung stammt von Bernard Lemaire.

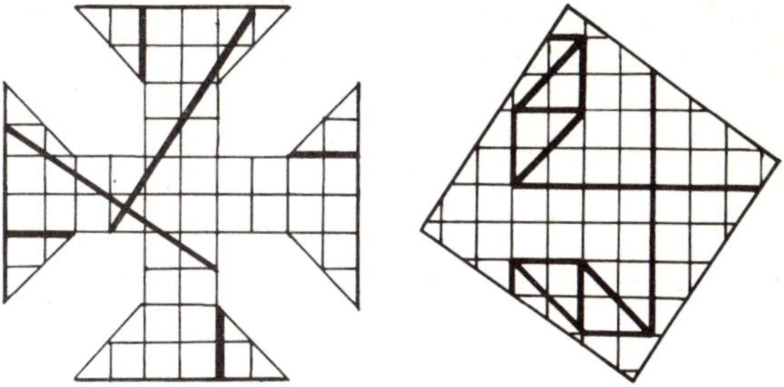

92

Der Spieler, der den zweiten Zug macht, kann sicher gewinnen, wenn er seinem Gegner hinterläßt:
- zwei leere Felder, die nicht in einer Zeile oder Spalte liegen,
- oder vier leere Felder, von denen je zwei in einer gemeinsamen Zeile oder Spalte liegen,
- oder zwei leere Felder, die in einer Zeile, und zwei, die in einer Spalte liegen, wobei das Schnittfeld dieser Zeile und Spalte nicht leer ist.

Der zweite Spieler kann unabhängig vom Zug des ersten immer eine solche Position herbeiführen,
- wenn er mit zwei oder drei Feldern beginnt, ergänzt er zu einem L, einem T oder einem Kreuz aus fünf Feldern;
- wenn er mit einem Feld beginnt, ergänzt er zu einem rechten Winkel aus drei Feldern; egal, wie der erste Spieler entgegnet, der zweite kann eine Gewinnstellung erreichen.

93

Hier ist der Apparat von Herrn Lanfranchi, der die Dreiteilung jedes beliebigen Winkels ermöglicht. Alle festen Stangen sind gleich lang (das Quadrat steht für ein Gelenk mit Gleitmechanismus). Die beiden Rauten bedingen die grundlegende Eigenschaft des Gerätes.

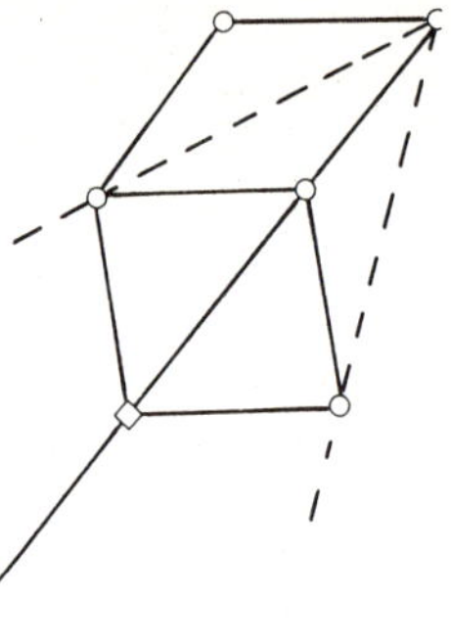

94

Diese Zerlegung von Herrn Miléi benötigt sieben Schnitte, liefert aber sowohl beim Zerschneiden als auch beim Zusammensetzen eine vollkommen symmetrische Anordnung der Teile.

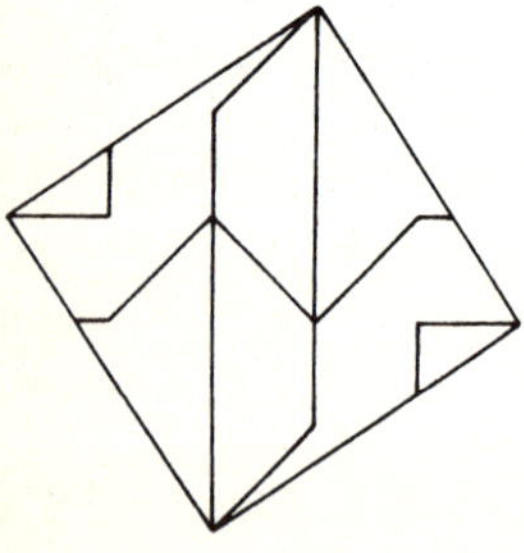

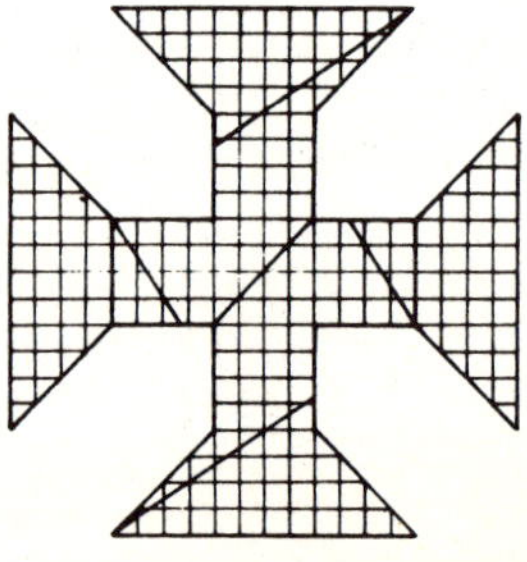

95

Wenn man herausfinden will, welche Jahrhunderte mit einem Sonntag beginnen, darf man natürlich zunächst nicht den Fehler machen, die Jahrhunderte mit den »runden« Jahren beginnen zu lassen. Das nächste beginnt also am 1. Januar 2001.
Es bleiben einige Rechnungen modulo 7, d. h. es werden nur die Reste bei Division durch 7 betrachtet. Jedes normale Jahr mit 365 Tagen ändert den Wochentag um einen, jedes Schaltjahr um zwei. Für den 1. 1. 2001 müssen (ab 1978) 23 Jahre, davon 6 Schaltjahre gezählt werden, das gibt zusammen (modulo 7) 1, also einen Montag. Ferner bewirkt ein Jahrhundert eine Verschiebung von zwei Tagen für die hundert Jahre plus drei für die 24 Schaltjahre (ein durch 100 teilbares Jahr ist nur dann Schaltjahr, wenn es auch durch 400 teilbar ist), zusammen fünf Tage. Das ergibt:
2001: Montag, 2101: Samstag, 2201: Donnerstag, 2301: Dienstag, 2401: Montag (2400 ist Schaltjahr).
Da nach 400 Jahren wieder derselbe Wochentag auftritt, sind das alle erreichbaren Wochentage. Ein Jahrhundert beginnt also niemals mit einem Sonntag.

96

Beide Möglichkeiten sind gleich wahrscheinlich, denn wenn Sie und Ihr Partner keine der fraglichen Karten haben, haben Ihre Gegner alle diese Karten.

97

Das Dreieck ABC ist gleichseitig. Der zum Kreis um A gehörende Kreissektor ABC hat also die Fläche $\frac{\pi}{6}$. Ihm müssen noch die beiden Flächen x und y hinzugefügt werden, die mit dem Rest (dem Fuß) des Pokals das Rechteck DEGF bilden; dessen Fläche ist $1 - \frac{\sqrt{3}}{2}$. Die gesamte Fläche beträgt also $\frac{\pi}{6} + 1 - \frac{\sqrt{3}}{2}$, das ist ungefähr 0,658.

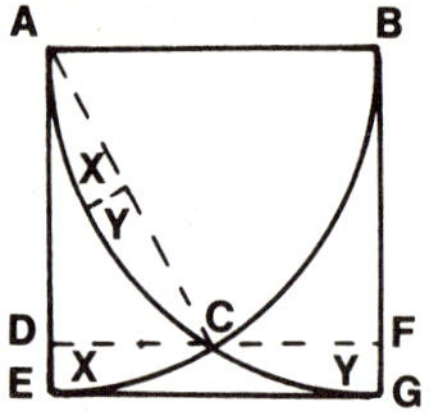

98

x, y, z seien die Seitenlängen. Mit der bekannten Flächenformel

$$A = \sqrt{s(s-x)(s-y)(s-z)} \quad \left(= \frac{1}{2}(x+y+z)\right)$$

lautet die Bedingung:

$$x + y + z =$$

$$= \frac{1}{4}\sqrt{(x+y+z)(x+y-z)(x-y+z)(-x+y+z)}$$

oder:

$$16(x+y+z) = (x+y-z)(x-y+z)(-x+y+z).$$

Nun sind alle Faktoren der rechten Seite von gleicher Parität, da sie sich jeweils um das Doppelte der Differenz zweier Seitenlängen unterscheiden. Da ihr Produkt gerade ist, müssen sie gerade sein.
Man kann also setzen:

$$x + y - z = 2k,$$
$$\text{damit } x - y + z = 2\,(x - k),$$
$$- x + y + z = 2\,(y - k),$$
$$x + y + z = 2\,(x + y - k).$$

Die obige Gleichung wird zu:

$$4\,(x + y - k) = k\,(x - k)\,(y - k),$$

nach y aufgelöst:

$$y = \frac{(k^2 + 4)\,(x - k)}{kx - (k^2 + 4)}\;.$$

Mit $z = x + y - 2k$ erhält man daraus für (x, y, z) mit $k = 1$ und $k = 2$ die Möglichkeiten:

(5, 12, 13), (6, 8, 10), (6, 25, 29), (7, 15, 20),
(9, 10, 17).

Andere Werte für k ergeben dieselben Lösungen.

99

Die Aufgabenstellung selbst enthüllt bereits die Lösung des Problems.
Wir probieren die acht möglichen Stellungen des Worts OCTOGONE durch und zählen jedesmal, wie viele Buchstaben am richtigen Ort sind. Man erhält, oben beginnend und im Uhrzeigersinn fortschreitend: 2, 3, 1, 2, 2, 2, 1, 1.

Anzugeben, daß ein oder zwei Buchstaben an der richtigen Stelle sind, würde bei der Lösung des Problems nichts nützen. Wenn man hingegen angibt, daß es drei sind, erhält man die Lösung: Das Wort beginnt im Nordosten.

100

Dies ist ein klassisches Problem, wenn die Größe des dritten Gefäßes vorgegeben ist. Aber eine solche Lösung mit Hilfe der Arithmetik habe ich zum ersten Mal in ›Questions d'arithmétique‹ von B. Niewenglowski (Vuibert 1927) gesehen. Zwei Gleichungen können aufgestellt werden ((x, y, z) bedeute: Im ersten Gefäß sind x, im zweiten y, im dritten z Liter Wasser):

A: $5x - 3y = 4$. Die Lösung $x = 2$, $y = 2$ legt folgendes Vorgehen nahe: (3, 5, 0), (3, 0, 5), (0, 3, 5), (3, 3, 2), (1, 5, 2), (1, 0, 7), (0, 1, 7), (3, 1, 4).

B: $3x - 5y = 4$. Die Lösung $x = 3$, $y = 1$ führt hier auf: (3, 5, 0), (0, 5, 3), (3, 2, 3), (0, 2, 6), (2, 0, 6), (2, 5, 1), (3, 4, 1), (0, 4, 4).

Bei der zweiten Methode genügen 6 Liter für das dritte Gefäß.

101

Da er pro Tag $\frac{1}{50}$ Seite schreibt, wenn noch eine Seite übrig ist, beträgt seine Schreibgeschwindigkeit allgemein $\frac{1}{50}$ der verbleibenden Seitenzahl. Da er mit $\frac{1}{10}$ Seite pro Tag beginnt, sind es insgesamt fünf Seiten.
Für die erste Seite braucht er 10 Tage; für die zweite Seite: $\frac{4}{50}$ pro Tag, also $12\frac{1}{2}$ Tage; für die dritte Seite: $\frac{3}{50}$ pro Tag, also $16\frac{2}{3}$ Tage; für die vierte Seite: $\frac{2}{50}$ pro Tag, also 25 Tage; für die fünfte Seite: 50 Tage. Insgesamt sind das $114\frac{1}{6}$ Tage.

102

Hier ist die symmetrische Anordnung von 21 Punkten, so daß 14 Geraden mit je zwei weißen und zwei schwarzen Punkten entstehen. Sie wurde von Jean-Eugène François gefunden.

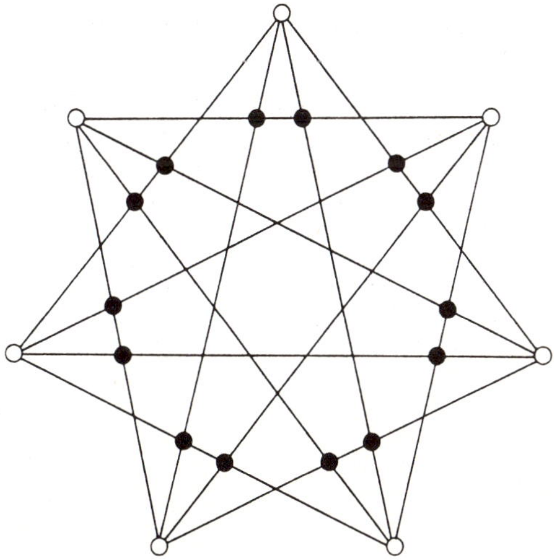

103

So wie sie ist, genügt diese Figur von J.-L. Faventines den Bedingungen von Aufgabe 102.
Mit einem schwarzen Punkt in der Mitte erhält man die gewünschten 21 Geraden.

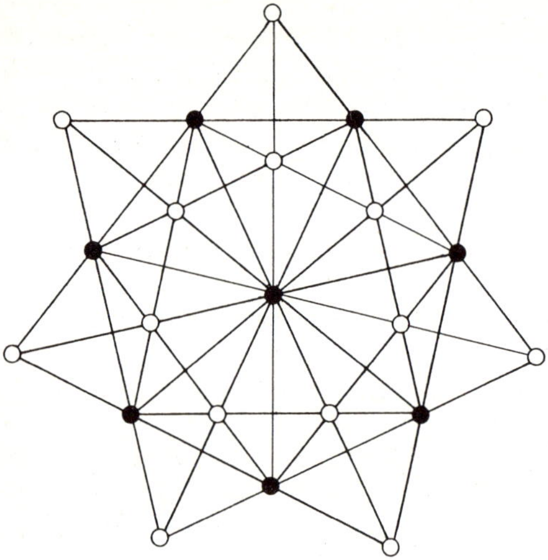

104

Soll das Gerät die Dreiteilung ermöglichen, besteht es nur aus den beiden äußeren Armen und sechs gleich langen Stangen: AB = AC = BD = CD = DE = DF.
Kreise stehen für Gelenke, Rechtecke für Gelenke mit Gleitmechanismus.
Der Winkel ∢FDE ist das Dreifache des Winkels ∢CAB.
Beweis: ∢ DBE ist Außenwinkel des gleichschenkligen Dreiecks ADB, also gleich ∢CAB und auch gleich ∢BED, da das Dreieck BDE gleichschenklig ist. ∢GDE ist Außenwinkel des Dreiecks ADE, also gleich eineinhalbmal ∢ CAB. ∢ FDE, das Doppelte davon, ist also das Dreifache von ∢CAB.
Um die Teilung durch fünf zu ermöglichen, muß man die vier Stangen EG, FG, GH und GI hinzufügen, die ebenfalls so lang sind wie AB. Der Winkel ∢IGH ist das Fünffache von ∢CAB.
Man wird bemerken, daß auch der in Aufgabe 93 vorgestellte Apparat von Herrn Lanfranchi an die Teilung durch fünf angepaßt werden kann, wobei er den Vorteil hat, daß er auch die Teilung durch vier ermöglicht, aber den Nachteil, fünf statt vier zusätzliche Stangen zu benötigen.

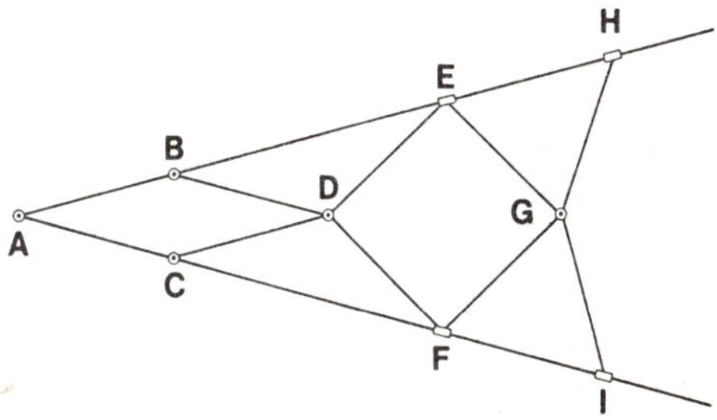

105

Achtung: Es gibt nicht zwei gleich wahrscheinliche Möglichkeiten, sondern drei, denn die sichtbare weiße Seite kann sein:

- eine Seite der weißen Karte,
- die andere Seite der weißen Karte,
- oder die weiße Seite der zweifarbigen Karte.

Die Wahrscheinlichkeit, daß die andere Seite weiß ist, ist also $\frac{2}{3}$ und nicht $\frac{1}{2}$. Die Wette wäre nur fair, wenn ich 6 Mark gegen Ihre 3 Mark setzen würde. Indem ich weniger setze, werde ich also auf lange Sicht gewinnen.

106

Die rechte Zerlegung führt zu einem regelmäßigen Sechseck, dessen Seiten von den sechs geraden Schnittkanten gebildet werden.
Die linke Zerlegung ergibt ein Rechteck. Seine Seiten setzen sich aus den geraden Schnittkanten zusammen.

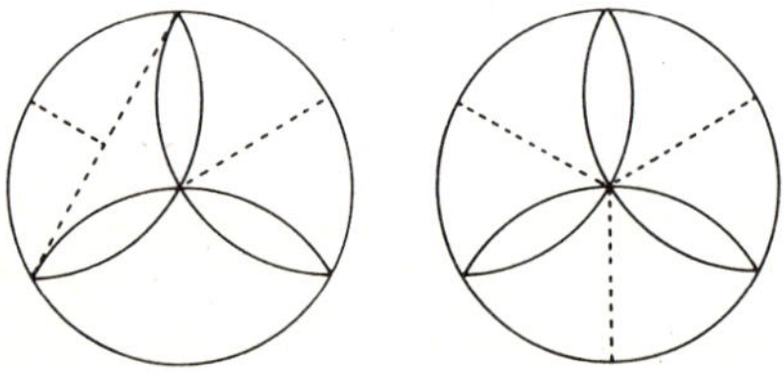

107

Man wird, ohne Grenzwertbetrachtungen anstellen zu müssen, sofort mit Sicherheit sagen können, daß die Summe der beiden Zahlen 1 ist, wenn man zwei Brüche $\frac{a}{b}$ und $\frac{b-a}{b}$ findet, deren Dezimaldarstellungen 0,1538461538461 ... und 0,8461538461538 ... sind.

Die erste Zahl ist etwas kleiner als $\frac{2}{10}$. Ist der Zähler gleich 1? $\frac{1}{6} = 0{,}1666\ldots$ ist zu groß, $\frac{1}{7} = 0{,}142857\ldots$ ist zu klein. Ist der Zähler gleich 2? Wir untersuchen $\frac{2}{11}, \frac{2}{12}, \frac{2}{13}, \ldots$

Der letzte Bruch ergibt die Lösung. Die beiden Zahlen sind die Dezimaldarstellungen von $\frac{2}{13}$ und $\frac{11}{13}$.

108

Jeder Punkt einer Stehleiter beschreibt eine Ellipse, wenn die Halterung reißt und die Leiter zu Boden gleitet, wobei ein Fuß die Wand berührt.

Die fetten Linien in der Zeichnung stehen für die Leiter. Der linke Fuß berührt die Wand im Punkt O. Wenn die beiden Schenkel der Leiter die Länge a haben, dann gilt das auch für die Verlängerung des rechten Schenkels bis zur Wand. Ein beliebiger Punkt des rechten Schenkels habe vom Scheitel der Leiter den Abstand r und die Koordinaten x und y, die durch die Längen x′ und y′ zu den Seiten des großen rechtwinkligen Dreiecks ergänzt werden. Aus der Ähnlichkeit der zwei kleineren rechtwinkligen Dreiecke folgt:

$$\frac{y}{y'} = \frac{a-r}{a+r}.$$

Der Satz des Pythagoras, angewendet auf das obere rechtwinklige Dreieck, ergibt:

$$x^2 + y'^2 = (a + r)^2.$$

Aus beidem folgt:

$$\frac{x^2}{(a + r)^2} + \frac{y^2}{(a - r)^2} = 1.$$

Der Punkt beschreibt also ein Ellipsenviertel mit den Halbachsen $a - r$ und $a + r$.
Die Punkte auf dem linken Schenkel einschließlich des Scheitels beschreiben Viertelkreise.

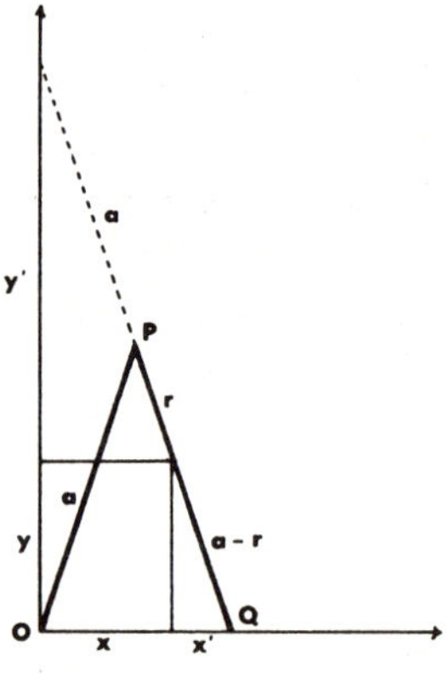

109

Ja, ein Boot, das sich ohne äußere Krafteinwirkung fortbewegen konnte, hat es zu Wettbewerbszwecken in England gegeben. Der »Motor« bestand in einem Seil, das am Heck des Bootes befestigt war und an dem die Mannschaft immer wieder kräftig und ruckartig nach vorn zog. Das System beruht auf einer gewissen Reibung zwischen Boot und Wasser; es würde im Vakuum des Weltalls nicht funktionieren. Der Schwerpunkt des Bootes kann auf diese Weise bewegt werden. Das läuft in drei Schritten ab:

1. Bewegung des Schwerpunkts nach hinten, um Anlauf zu nehmen; leichte Bewegung des Bootes relativ zum Wasser nach vorne, durch die Reibung gebremst;
2. Bewegung des Schwerpunkts nach vorn; gebremste Bewegung des Bootes nach hinten;
3. plötzlicher starker Zug am Seil: Übertragung von kinetischer Energie auf das Boot, es wird ihm ein Impuls erteilt, der die vorherige Bewegung mehr als ausgleicht.

Nach Rouse-Ball (›Récréations mathématiques‹, 1926) kann ein solches Boot zwei bis drei Knoten erreichen.

110

Hier ist der Rekord in der Anordnung von 21 Punkten, so daß möglichst viele Geraden mit fünf Punkten entstehen. Jacques Sinizergues hat ihn aufgestellt. Es ergeben sich zwölf Geraden und kein einziger unnützer Schnittpunkt.

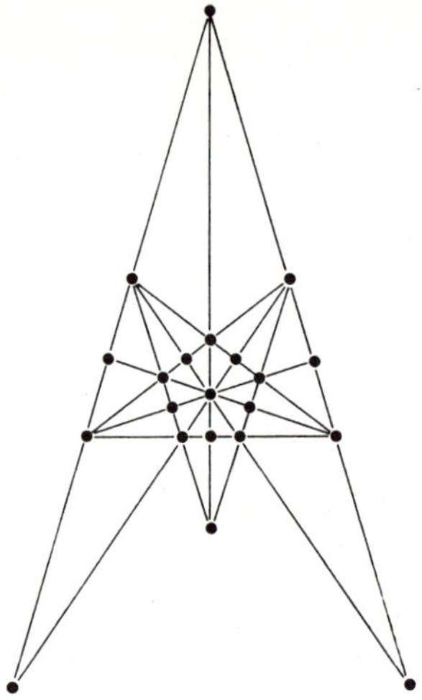

111

Wenn Sie versucht haben, geometrische Quadrate nebeneinanderzusetzen, um ein drittes zu bekommen, dann sind Sie auf eine Unmöglichkeit gestoßen, die nicht so leicht überwindbar scheint.
Im Gegensatz dazu ist es jedoch möglich, Quadrate von Zahlen aneinanderzufügen. Beispielsweise ergeben 4 und 9, die Quadrate von 2 und 3, nebeneinandergesetzt 49, das Quadrat von 7.
Denis Susswein hat nach weiteren solchen Zahlen gesucht,

was wohl nur durch Probieren geschehen kann. Er fand noch 15 weitere unter 100000: 169, 361, 1225, 1444, 1681, 3249, 4225, 15625, 16900, 36100, 42025, 49729, 64009, 81225, 93025.
Aufgabe 134 wird das Problem noch etwas vertiefen.

112

Die Gesamtsumme der Spielsteine ist gleich

$$0 + 1 + 2 + 3 + 4 + 5 + 6 + 7 + 8 + 9 = 45,$$

also ist die Summe der verbleibenden Steine nur dann durch drei teilbar, wenn es auch die Ziffer des verlorenen Steins ist. Sie kann also 0, 3, 6 oder 9 sein, was für die Restsumme 45, 42, 39 und 36 ergibt. Davon ist nur 36 durch 4 teilbar, so daß nur der Stein 9 verloren worden sein kann.
Aber diese notwendigen Bedingungen sind noch nicht hinreichend. Es muß nachgeprüft werden, ob die Gruppen tatsächlich gebildet werden können. Das ist möglich. Man erhält: (1, 3, 8), (0, 5, 7), (2, 4, 6) und (1, 8), (2, 7), (3, 6), (0, 4, 5).
(Die Anregung zu diesem Problem stammt aus einer Zeitschrift für mathematische Spiele, die ich schmerzlich vermisse: Le Facteur X, 1959.)

113

Zwei Schnitte reichen aus, um von zwei nebeneinandergesetzten Quadraten zu einem dritten zu kommen. (Die Pfeile kennzeichnen gleiche Längen.)

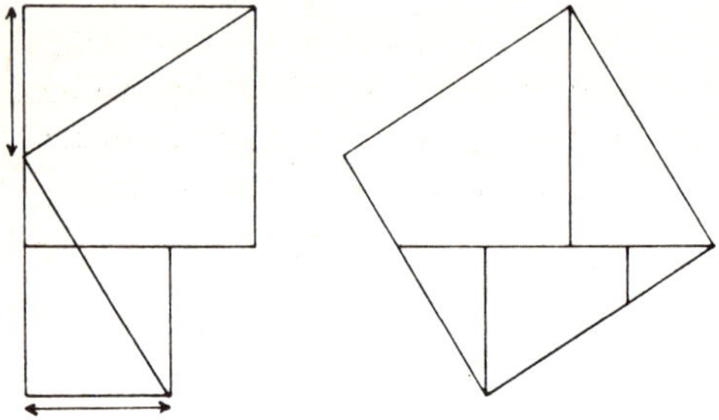

114

Hier ist die Methode von Roger Durif für das Quadratwurzelziehen mit einem einfachen Taschenrechner (vier Grundrechenarten und Speicher). $\sqrt{n}$ sei gesucht, und a sei ein (positiver) Näherungswert.
Man nimmt folgende Operationen vor:

Eingeben von a:	a
Einspeichern von a:	M + (Speicher vorher leer)
Quadrieren:	×
	MR
n subtrahieren:	−
	n
	=
durch 2 a teilen:	÷
	2
	÷
	RM
	=

Verbesserung der Näherung im Speicher: M –
Anzeige der neuen Näherung: MR
Quadrieren ... die Operationen werden wiederholt.

Ab der zweiten Näherung sind alle Näherungswerte größer oder gleich $\sqrt{n}$, sie bilden eine absteigende Folge.
Das Ziel ist erreicht, wenn zwei aufeinanderfolgende Näherungswerte gleich sind oder sich mehrere Näherungswerte in gleicher Folge wiederholen ($\sqrt{n}$ liegt dann irgendwo dazwischen).

115

Das Seitenmittendreieck liefert sofort eine Lösung, wenn man beachtet, daß seine Seiten den Dreiecksseiten parallel sind.
Bei der Zerlegung kann auf den oberen, waagerechten Schnitt verzichtet werden.

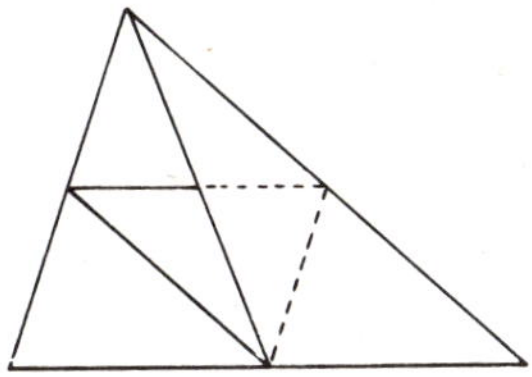

116

Es gibt insgesamt zwölf Möglichkeiten, die sechs Eckpunkte eines Sechsecks durch einen geschlossenen Streckenzug zu verbinden, wobei das konvexe Sechseck selbst natürlich nicht vergessen werden darf.

117

Man kann annehmen, daß die Bezahlung des Arbeiters auf den Kosten für das Heraufziehen des Behälters um eine Längeneinheit basiert. Es sei also x der Preis für das Heraufziehen der ersten Füllung, die er aus einer mittleren Tiefe von 0,5 Metern geholt hat. Die zweite Füllung, aus einer mittleren Tiefe von 1,5 Metern, kostet dreimal so viel. Entsprechend kostet die dritte fünfmal so viel, usw.
Die ersten zehn Meter kosten also

$$x(1 + 3 + \ldots + 19) = 100\,x,$$

die gesamte Leerung

$$x(1 + 3 + \ldots + 39) = 400\,x.$$

Der Arbeiter bekommt also 100 DM.
Freunde der Integralrechnung werden feststellen, daß das gleiche Ergebnis herausgekommen wäre, wenn der Arbeiter eine Pumpe benutzt und kontinuierlich gearbeitet hätte:

$$\int_0^{10} 2\,x\,t\,dt = 100\,x = \frac{1}{4}\int_0^{20} 2\,x\,t\,dt.$$

(Da x einer Tiefe von 0,5 entspricht, entsprechen 2 x einer Tiefe von 1.)

118

Natürlich werden die aufeinanderfolgenden Preise wie in einem Intelligenztest durch eine logische Regel geliefert. Man erhält jeden Preis, wenn man zu dem vorhergehenden die Summe der Quadrate seiner Ziffern addiert:

425 + 16 + 4 + 25 = 470, usw.
802 + 64 + 0 + 4 = 870.

Der Hamster wird also für 870 Mark weiterverkauft werden.

119

Großbuchstaben stehen für die Männer, kleine für die Frauen.

```
AaBbCcDd
AaB C D          b  c  d
AaBbC D             c  d
A B C D       a  b  c  d
AaB C D          b  c  d
Aa    B         bC c D d
AaBb                CcDd
 a             A  BbCcDd
Aa                BbCcDd
               AaBbCcDd
```

120

Wie das erste Beispiel zeigt, ist es nicht sinnvoll, 1 als Faktor erscheinen zu lassen.
Es bringt auch nichts, dreimal den Faktor 2 zu verwenden: $2 \cdot 2 \cdot 2 < 3 \cdot 3$.
Ein Faktor 4 ist uninteressant: $4 = 2 + 2 = 2 \cdot 2$.
5 und größere Zahlen sind zu vermeiden, denn
$5 < 2 \cdot 3$, $6 < 3 \cdot 3$, allgemein $n < 2 \cdot (n - 2)$ für $n > 4$.
Es bleiben als Faktoren die 3 und eventuell ein- oder zweimal die 2. Da $1980 = 660 \cdot 3$, ist die gesuchte Zahl 3^{660}.

121

Wenn das Gericht entscheidet, daß Protagoras recht hat und seinen Prozeß gewinnt, ist das Problem gelöst. Aber das Gericht kann nur über die Vergangenheit, über vergangene Ereignisse, urteilen, nicht über sich selbst und über das Urteil, das es gerade erstellt. Es muß auch dem Schüler recht geben, daß er nicht gezahlt hat, denn er hat ja bis dahin keinen Prozeß gewonnen. *Aber,* sofort danach, in dem Augenblick, der auf die Urteilsverkündung folgt, ändert sich die Stellung des Schülers: Er hat einen Prozeß gewonnen. Protagoras kann also in einem zweiten Prozeß mit Recht darauf pochen, daß ihm der Schüler Geld schuldet, und diesen Prozeß sicher gewinnen. Es wären also zwei Prozesse nötig gewesen statt eines einzigen.

122

Hier ist die Lösung von Thierry Desimeur für das Problem, ein symmetrisches, aber nicht regelmäßiges Zehneck mit acht Teilen in ein Quadrat zu verwandeln. Man wird bemerken, daß beim Zusammensetzen eines der Teile umgedreht werden muß.
Thierry Desimeur zerschneidet sein Polygon in acht Teile, aber mehrere Leser haben bessere Lösungen gefunden. Bernard Lemaire, Jean-Pierre Calvez und Didier Pinchon schaffen es mit sieben Teilen. Jede der drei Lösungen ist anders. Hier ist die von Jean-Pierre Calvez.

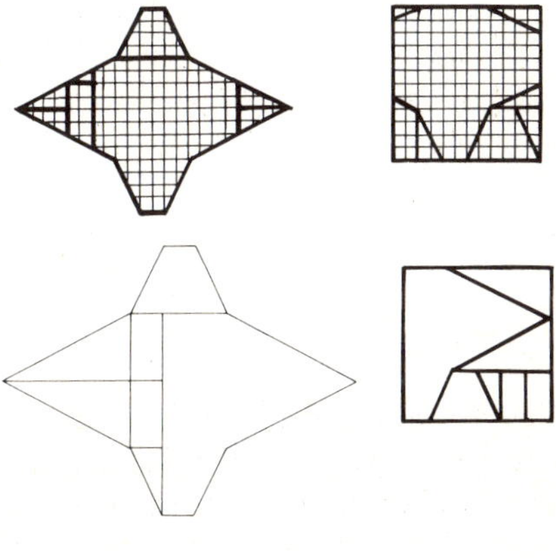

123

So kann man die Figur in einem Zug und ohne doppelte Linien zeichnen und wieder an den Ausgangspunkt zurückkehren. Die Lösung ist in zwei Teile aufgeteilt: Hin- und Rückweg. Beides zusammen wäre zu unübersichtlich.

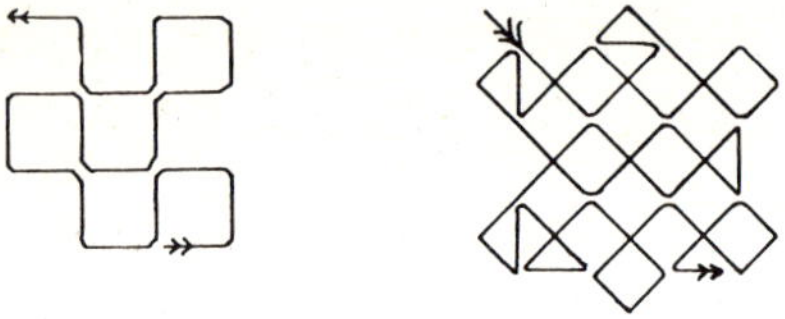

124

Man kann sich bei den Versuchen davon leiten lassen, daß die Seitenlänge des großen Quadrats das $\sqrt{5}$-fache der Seitenlänge eins der kleinen Quadrate ist. Marius Joffre hat die folgende Lösung gefunden:

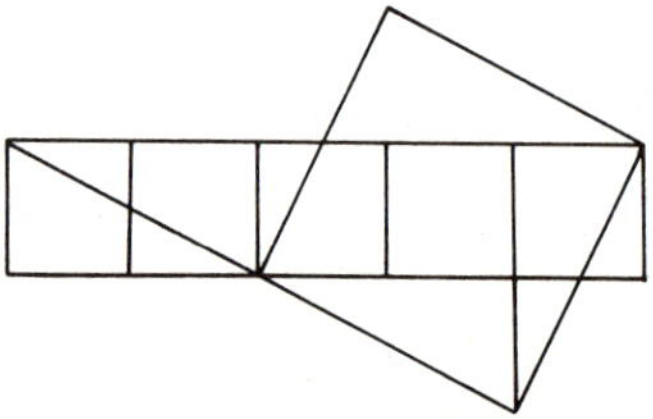

125

Am einfachsten ist es, die Teilbarkeit von $n^5 - n$ durch 5 mit vollständiger Induktion zu beweisen.
Für $n = 1$ oder auch $n = 2$ ist die Eigenschaft unmittelbar klar. Wir nehmen an, sie gelte für $n = k$. Dann gilt:

$$\begin{aligned}
&(k + 1)^5 - (k + 1) \\
&= (k^5 + 5\,k^4 + 10\,k^3 + 10\,k^2 + 5\,k + 1) - (k + 1) \\
&= (k^5 - k) + 5\,(k^4 + 2\,k^3 + 2\,k^2 + k).
\end{aligned}$$

Aufgrund der Annahme sind beide Summanden durch 5 teilbar. Aus der Gültigkeit der Eigenschaft für k folgt also die für $k + 1$.
Pierre Marais fügt dem noch eine »empirische Beweisführung« hinzu:

- Jede Zahl endet auf eine der Ziffern 0, 1, ..., 9.
- Die fünften Potenzen von 0, 1, ..., 9 enden, in dieser Reihenfolge, ebenfalls auf 0, 1, ..., 9 (ermittelt durch Nachschlagen in einer Tafel oder mühsame Berechnung).
- Die fünften Potenzen aller Zahlen enden auf dieselbe Ziffer wie die Zahlen selbst.
- Also gilt für alle n:
  $N = n^5 - n$ endet auf 0, ist also durch 5 teilbar.

126

Hier ist die Lösung mit der geschlossenen, sich nicht schneidenden Linie von J. Grange:

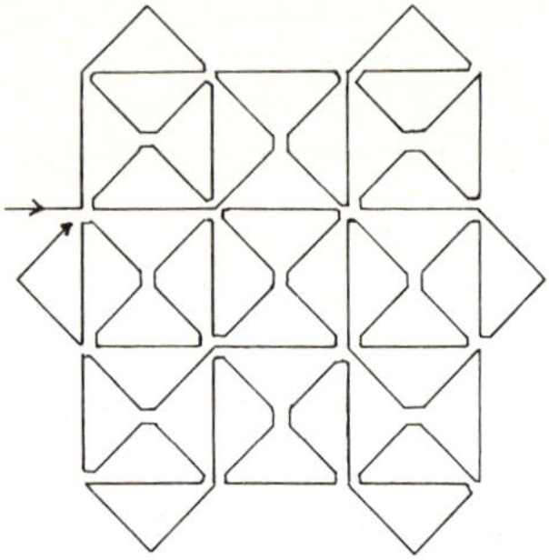

127

Hier ist eine Möglichkeit, wie man eine Figur, die durch Weglassen eines Dreiecks in einem Quadrat entsteht, in vier kongruente Teile zerlegen kann. Man muß dabei allerdings auf Teile Aa, Bb, Cc und Dd von recht unüblicher Form zurückgreifen.

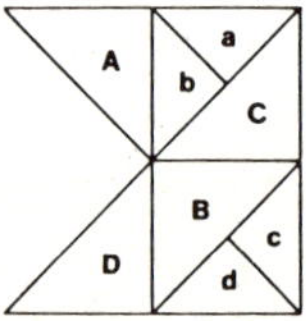

128

Um die sechsstelligen Nummern, die die Zahl 12 enthalten, abzuzählen, unterscheiden wir je nach der Stellung der 12 fünf Mengen:

A: 1 2 . . . .
B: . 1 2 . . .
C: . . 1 2 . .
D: . . . 1 2 .
E: 1 2

Jede Menge enthält 10^4 Nummern. In den Mengen $A \cap B$, $B \cap C$, $C \cap D$, $D \cap E$ liegt keine Nummer, während in den Mengen $A \cap C$, $A \cap D$, $A \cap E$, $B \cap D$, $B \cap E$, $C \cap E$ je 10^2 Nummern enthalten sind. Außerdem enthält die Menge $A \cap C \cap E$ eine Nummer, nämlich 121212.
Die Anzahl der auszuschließenden Nummern ist also insgesamt: $5 \cdot 10^4 + 1 - 6 \cdot 10^2 = 49401$.

129

Keine nur aus der Ziffer 1 aufgebaute Zahl, 1 selbst ausgenommen, kann Quadratzahl sein. Das zeigt sich, wenn man sie näher untersucht. Jede läßt sich schreiben als

$$11 + 100\,n = 4(25\,n + 2) + 3,$$

wobei n eine ganze Zahl ist. Somit beträgt der Rest bei Division durch 4 stets 3.
Quadratzahlen sind entweder gerade und dann von der Form $4\,n^2$ oder ungerade und von der Form

$$(2\,n + 1)^2 = 4(n^2 + n) + 1.$$

Ihr Rest bei Division durch 4 ist also stets entweder 0 oder 1. Keine Quadratzahl größer 1 kann also nur 1 als Ziffer haben.

130

Wie Lucien Guénot, der mir das Problem stellte, hatte ich einen Induktionsbeweis gegeben, der zeigte, daß die Behauptung für jede ungerade, nicht durch 3 teilbare Zahl gilt. Aber viele Leser gingen die Lösung direkter an. So formt z. B. Herr Ambroise Roux folgendermaßen um:

$$p^2 - 1 = (p - 1)(p + 1).$$

Da p Primzahl größer 3 ist (und damit ungerade und nicht durch 3 teilbar), ist eine der Zahlen $p - 1$ und $p + 1$ durch 2 teilbar, die andere durch 4. Eine von beiden ist außerdem durch 3 teilbar. Also:

$$(p - 1)(p + 1) = 2 \cdot 3 \cdot 4\,m = 24\,m.$$

Dieser Beweis zeigt außerdem, daß p nicht Primzahl zu sein braucht. p muß nur ungerade und nicht durch 3 teilbar sein (wie 25, 35, 49, 55, ...). Die fragliche Gleichung ist also für jede dritte natürliche Zahl erfüllt.

131

Hier sind drei Brüche, die 9 mit Hilfe aller zehn Ziffern darstellen:

$$9 = \frac{95742}{10638} = \frac{95823}{10647} = \frac{97524}{10836}.$$

Die Suche kann sich auf die letzten Ziffern von Zähler und Nenner stützen, da diese durch eine Multiplikation mit 9 miteinander verknüpft sind. Außerdem muß der Zähler mit 9, der Nenner mit 1 beginnen.
Es scheint keine andere Lösungsmethode bekannt zu sein. Die Hinweise auf diese Ergebnisse sind alt und zahlreich. Der jüngste findet sich wohl in ›The Moscow Puzzles‹ von Boris A. Kordemsky.

132

Ein bestimmtes Dreieck der Figur ist entweder stets im Inneren oder stets im Äußeren der Kurve.
Um das zu beweisen, reicht es, eine Linie zu betrachten, die vom Äußeren der Figur ins Innere des Dreiecks führt, ohne durch einen der Eckpunkte zu gehen. Jedesmal, wenn diese Linie die Lösungskurve schneidet, wechselt man entweder vom Äußeren ins Innere oder umgekehrt. Die Lage des Dreiecks hängt also von der Parität der Zahl der Schnittpunkte ab. Diese ist aber für ein gegebenes Dreieck unabhängig von den Lösungen immer gleich.

133

Der durch den Quader ABCDEFGH dargestellte Mensch (Höhe h, Breite r, Länge l) bewegt sich mit der konstanten Geschwindigkeit w in der Zeit t um die Strecke s. Er bewegt sich in Luft, die einen Volumenanteil q an Wassertropfen enthält, die mit der (konstanten) Geschwindigkeit v zu Boden fallen (Wind wird vernachlässigt).
Während der Zeit t bekommt der Mensch die Wassertropfen ab, die sich zu Beginn in zwei geraden Prismen befinden:

– auf die Vorderseite das Wasser aus ABCDA′B′C′D′,
– auf die Oberseite das Wasser aus CDGHC′D′G′H′.

Diese Volumina ergeben sich zu: srh + lrvt (die Höhe des oberen Prismas entspricht der Strecke, die der Regen in der Zeit t zurücklegt). Das gesamte Wassertropfenvolumen ist also: W = qr (hs + lvt).
Nun muß man zwei Fälle unterscheiden:

1. Man muß eine bestimmte *Zeit* im Regen ausharren. Mit s = wt ergibt sich: W = qrt (hw + lv). W wird hier minimal bei w = 0. In diesem Fall empfiehlt es sich also, stehen zu bleiben.

2. Man muß einen bestimmten *Weg* im Regen zurücklegen. Mit $\left(t = \frac{s}{w}\right)$ ergibt sich: $W = qrs\left(h + l\frac{v}{w}\right)$. W wird hier bei zunehmendem w kleiner. In diesem Fall sollte man also so schnell rennen, wie man kann.

Sie werden dieses Problem sicher noch weiter untersuchen: Soll man vornübergebeugt laufen? Welche Wirkung hat der Wind? usw.

134

$4950625 = 2225^2$ ist diese bemerkenswerte Zahl von Denis Schmitt. Sie kann auf zwei Arten durch Aneinanderfügen zweier Quadratzahlen gewonnen werden:

1. aus $4 = 2^2$ und $950625 = 975^2$,
2. aus $49 = 7^2$ und $50625 = 225^2$.

Es genügt übrigens, sie mit 100 zu multiplizieren, um eine weitere Zahl zu bekommen, die diese Bedingungen erfüllt.

135

Man zerschneidet das Band parallel zur Kante im Abstand von $\frac{1}{4}$ der Breite des Bandes. Dadurch erhält man zwei ineinandergeschlungene Bänder (ein Möbius-Band, ein Band mit Verdrehung um 720°) mit gleicher Oberfläche.

136

Die von Roger Durif gefundene »vierfache Quadratur« ist:

$19025^2 = 361950625$, wobei
$361 = 19^2$ und $950625 = 975^2$ sowie
$36 = 6^2$, $1 = 1^2$, $9 = 3^2$ und $50625 = 225^2$.

Dieses Resultat wurde nicht durch Probieren gefunden, sondern durch systematisches Untersuchen der Gleichung

$$x^2 = 10^p \cdot y^2 + z^2.$$

Ihre Lösungen sind gegeben durch

$x = m^2 + 10^p + n^2$, $y = 2\,mn$, $\pm\, z = m^2 - 10^p \cdot n^2$,
im Beispiel $p = 4$, $m = 95$, $n = 1$, d.h. $y = 190$.

Roger Durif erhielt als weiteres Beispiel
$90125^2 = 8122515625$, worin man 81, 225, 1 und 5625 wiedererkennt, außerdem ist $81225 = 285^2$ und $15625 = 125^2$.

137

Wir wollen zeigen, daß jede mindestens zweistellige Quadratzahl wenigstens eine gerade Ziffer enthält.
Die zweistelligen Quadratzahlen 16, 25, 36, 49, 64 und 81 haben diese Eigenschaft. Alle anderen sind größer als 100, also Quadrat einer Zahl größer 10 und können geschrieben werden: $(10\ d + u)^2 = 100\ d^2 + 20\ du + u^2$, d ist nicht kleiner als 1. Da die Einerziffer die von u^2 ist, gilt die Eigenschaft für u = 0, 2, 4, 6, 8.
Wenn u = 1, dann ist die Zehnerziffer in $100\ d^2 + 20\ d + 1$ durch 2 d gegeben, ist also gerade.
Wenn u = 3, läßt sich $100\ d^2 + 60\ d + 9$ genauso behandeln.
Wenn u = 5, hat $100\ d^2 + 100\ d + 25$ die Zehnerziffer 2.
Wenn u = 7, hat $100\ d^2 + 140\ d + 49$ als Zehnerziffer die letzte Ziffer von 14 d + 4, sie ist also gerade.
Wenn u = 9, läßt sich $100\ d^2 + 180\ d + u$ entsprechend behandeln.

138

Um zu zeigen, daß diese Konstruktion wirklich die Dreiteilung leistet, führen wir E als Mittelpunkt von CD ein sowie den Kreis um E durch A, C und D (da das Dreieck CDA rechtwinklig ist, liegt A auf dem Kreis um E durch C und D). Da das Dreieck OEA gleichschenklig ist, sind die beiden mit 2 bezeichneten Winkel gleich. Einer davon ist als Außenwinkel des gleichschenkligen Dreiecks EDA Summe von zwei Winkeln 1 (die untereinander gleich sind).

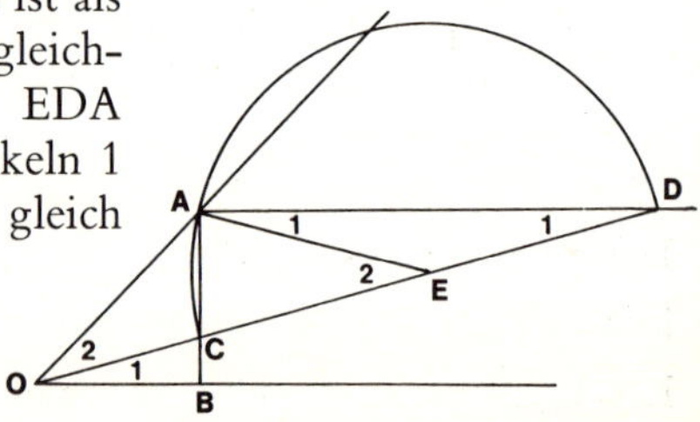

139

Die Verhältnisse, in denen die Teilflächen zur Gesamtfläche stehen, sind hier in Vielfachen von $\frac{1}{48}$ angegeben. Die Berechnung ist jeweils elementar.

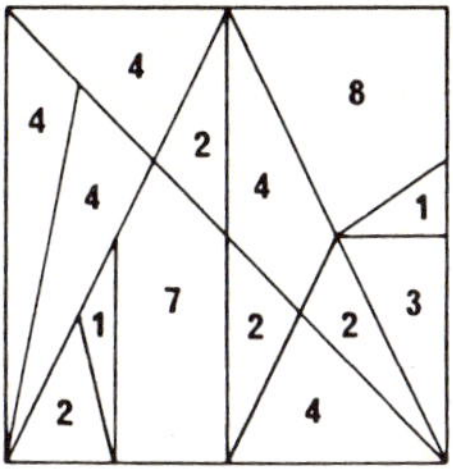

140

Der erste Spieler gewinnt, wenn er beim ersten Mal Kopf wirft, oder wenn sein Gegner beim nächsten Wurf Zahl wirft und er dann gewinnt, oder ...: Seine Gewinnwahrscheinlichkeit p ist:

$$p = \frac{1}{2} + \frac{1}{2} \cdot \frac{1}{2} \cdot \frac{1}{2} + \frac{1}{2} \cdot \frac{1}{2} \cdot \frac{1}{2} \cdot \frac{1}{2} \cdot \frac{1}{2} + \ldots =$$

$$= \frac{1}{2} + \left(\frac{1}{2}\right)^3 + \left(\frac{1}{2}\right)^5 + \left(\frac{1}{2}\right)^7 + \ldots =$$

$$= \frac{1}{2}\left(1 + \frac{1}{4} + \left(\frac{1}{4}\right)^2 + \left(\frac{1}{4}\right)^3 + \ldots\right) =$$

$$= \frac{1}{2} \cdot \frac{4}{3} = \frac{2}{3}.$$

Der zweite Spieler gewinnt nur mit einer Wahrscheinlichkeit von $\frac{1}{3}$.

Roger P. Dodu kommt ohne Reihen aus:

»Ich glaube, die einfachste Lösung des Problems ist folgende:
Wenn die Gewinnwahrscheinlichkeit des ersten Spielers p ist, muß die des zweiten $\frac{p}{2}$ sein, denn er befindet sich in derselben Situation wie der erste Spieler zu Beginn, wenn dieser beim ersten Wurf Zahl geworfen hat (Wahrscheinlichkeit $\frac{1}{2}$). Es folgt: $p + \frac{p}{2} = 1$, und damit $p = \frac{2}{3}$.

Das Spiel wäre übrigens gerechter $\left(p_1 = \frac{6}{11}, p_2 = \frac{5}{11}\right)$, wenn die Spieler darum würfeln würden, wer die erste Eins bekommt.«

141

Kann John Harris, der diese Lösung gefunden hat, wirklich stolz darauf sein?
Sie starten mit 4,5 Tagesrationen Wasser und einem Gefährten, der 5 Rationen trägt und sich dem Unternehmen voll und ganz verschrieben hat. Nach eineinhalb Tagen verzichtet Ihr Kamerad auf sein weiteres Leben. Sie haben für 6,5 Tage Wasser. Sie deponieren 1,5 Rationen am Ort, begeben sich zu Ihrem Ziel und zurück und nehmen den Vorrat für den Rückweg wieder mit.
Läßt sich das Ergebnis noch verbessern? Aber sicher: In Aufgabe 150.

142

Hier sind die Aufteilungen zur Darstellung von

1. drei gleichen ganzen Zahlen,

2. drei aufeinanderfolgenden ganzen Zahlen,
3. den ersten 8 Zahlen und 12.

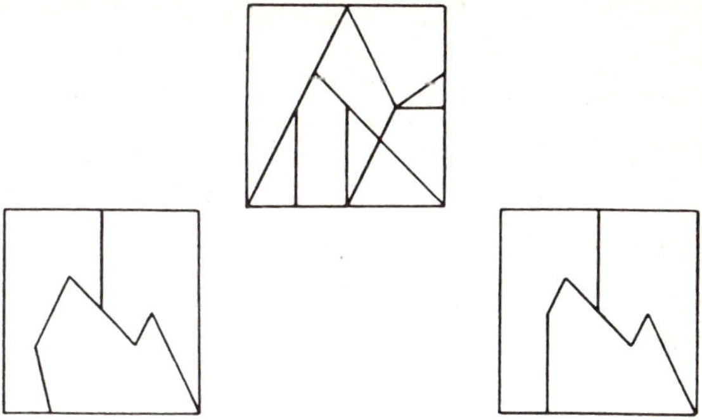

143

Wir zeichnen einen Kreis mit Mittelpunkt O. Dann tragen wir von einem beliebigen Punkt A auf dem Kreis ausgehend mit gleicher Zirkelöffnung nacheinander die Punkte B, C und D ab. D liegt A diametral gegenüber.
Wir stechen den Zirkel nun in A ein, um einen Kreisbogen durch C zu zeichnen, dann in D, um einen Bogen durch B zu zeichnen. Der Schnittpunkt der beiden Bögen sei E.

$$OE = \sqrt{AE^2 - R^2} = \sqrt{AC^2 - R^2} =$$
$$= \sqrt{(\sqrt{3}\,R)^2 - R^2} = \sqrt{2}\,R.$$

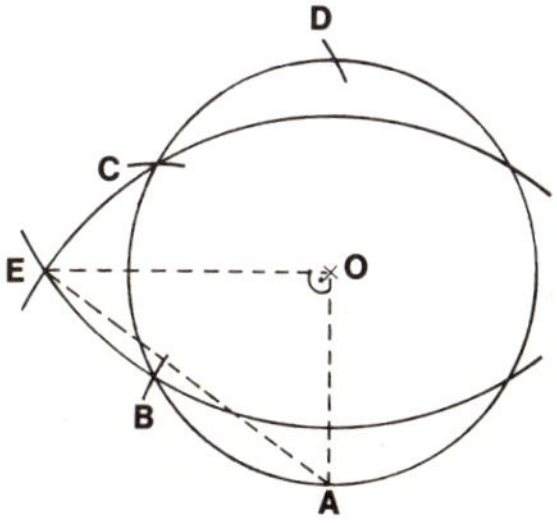

144

Hier ist eine von der Gödelschen Logik angeregte Methode, jedem Wort (aus Buchstaben oder Symbolen) eine Zahl (aus Ziffern) zuzuordnen.
Jedem Buchstaben wird seine Nummer (von 1 bis 26) zugeordnet. Jedes Wort wird dann dargestellt durch ein Produkt, in dem die aufeinanderfolgenden Primzahlen (2, 3, 5, 7, 11, usw.) die Nummern der entsprechenden Buchstaben des Wortes als Exponenten haben, also z. B.:

$$\text{RAT} = 2^{18} \cdot 3^{1} \cdot 5^{20}.$$

Das Auffinden des zu einer Zahl gehörigen Wortes geschieht, indem man die Primfaktorzerlegung der Zahl ermittelt.

145

Um genauso wie Wörtern auch Sätzen Zahlen zuordnen zu können, genügt es, die bereits beschriebene Methode auszuweiten, aber unter Beachtung einiger Vorsichtsmaßnahmen.
Wir ordnen jedem Buchstaben eine ungerade Zahl zu: 3 für A, 5 für B, . . ., 53 für Z.
Jedem Wort ordnen wir ein Produkt aus Potenzen der aufeinanderfolgenden Primzahlen zu, wobei die Exponenten die den jeweiligen Buchstaben zugeordenten Zahlen sind. Zum Beispiel ist:

$$\text{DIE} = 2^{9} \cdot 3^{19} \cdot 5^{11},$$
$$\text{WORTE} = 2^{47} \cdot 3^{31} \cdot 5^{37} \cdot 7^{41} \cdot 11^{11}.$$

Jedem Satz ordnen wir schließlich ein Produkt aus Primzahlpotenzen zu, wobei die Exponenten die den jeweiligen Wörtern zugeordenten Zahlen sind, z. B.:

$$\text{DIE WORTE} = 2^{\text{DIE}} \cdot 3^{\text{WORTE}}.$$

Mehrdeutigkeiten können nicht auftreten, da der Exponent von 2 bei einem Wort ungerade, bei einem Satz aber gerade ist.

146

Ein einem Quadrat einbeschriebenes gleichseitiges Dreieck kann zwei Lagen einnehmen:

1. Entweder fällt eine Ecke mit einem Eckpunkt des Quadrats zusammen und die beiden anderen liegen auf den Kanten, die nicht an diesen Eckpunkt grenzen,
2. oder alle drei Ecken liegen auf Kanten.

Die erste Möglichkeit ergibt ein gleichseitiges Dreieck, dessen Seitenlänge größer ist als die des Quadrats: Eine seiner Kanten verbindet den Eckpunkt des Quadrats mit einer nicht angrenzenden Kante.
Die zweite Möglichkeit ergibt ein Dreieck, dessen Seitenlänge im Minimalfall gleich der des Quadrats sein kann. (Dann ist eine Dreiecksseite parallel zu einer Quadratseite.) Dieser Fall liefert die gesuchte Minimallösung. Dreieck und Quadrat haben gleiche Seitenlänge.

147

Haben Sie die Eigenschaften der rätselhaften Folge eingekreist? Wenn eine Zahl auf 12890625 endet, enden alle ihre Potenzen (mit natürlichen Exponenten) auf die gleiche Ziffernfolge.

Tatsächlich gilt:

Sei $n = 12890625 = 5^8 \cdot 33$. Dann ist:

$$n - 1 = 12890624 = 2^8 \cdot 50354$$
$$n(n - 1) = 10^8 \cdot q$$
$$n^2 = n + 10^8 \cdot q.$$

Die Zahlen n^2 und n und damit auch alle anderen Potenzen von n enden also auf dieselbe Ziffernfolge.

148

Paul Astruc hat viele Quadrate der Ordnung 6 hergestellt. Aus jeder Lösung erhält er 23 Varianten mit je mindestens 20 veränderten Zahlen. »Es genügt, Zeilen und Spalten auf gleiche Weise folgendermaßen zu vertauschen: Wenn sie in der Ausgangslösung mit 1, 2, 3, 4, 5, 6 numeriert sind, betrachtet man die drei Paare (1, 6), (2, 5), (3, 4). Die Vertauschungen werden dann so vorgenommen, daß jedes Paar auch danach symmetrisch zur Quadratmitte liegt.«
Erzeugen Sie so selbst die Varianten zu:

5	35	13	34	12	7
6	8	30	23	11	27
32	28	17	16	20	2
33	9	22	21	18	15
10	26	4	14	29	25
31	1	24	3	19	36

149

So wird der Fluß in sieben Fahrten überquert:

– Fünf Frauen setzen über
– eine kommt zurück
– die Männer der vier übrigen Frauen fahren hinüber

- ein Paar kommt zurück
- zwei Paare setzen über
- ein Paar kommt zurück
- die beiden letzten Paare fahren hinüber.

150

Sehen Sie das Aufstellen der Fahne vier Tagesmärsche im Wüsteninneren einfach als das letzte Ziel Ihres Lebens an. Starten Sie also mit vier Rationen Wasser, und wenn Sie ihr Ziel erreicht haben, nehmen Sie Abschied von dieser schnöden Welt.
Victor Brun fand diese selbstmörderische Lösung.

Quellennachweise:

6 G. Frederickson: More Geometric Dissections. In: Journal of Recreational Mathematics, Sommer 1974.

8 A. P. Domonpad: Mathematical Games and Pastime, Pergamon Press, 1963.

20 S. Moses: The Art of Problem Solving, Transword, 1974.

37 Pentamino 1, Irem von Grenoble.

53 N. J. A. Sloane: A Handbook of Integer Sequences.

56 Petit Archimède, Feb. 1976.

62 Maurice d'Ocagne, 1888.

69 Lösung von Jacques Chaupin: Facteur X, Mai 1964.

73 Les Distracts, Nr. 2, CEDIC, 1977.

77 A. Sainte-Lague: Avec des nombres et des lignes.

78 J. Meeus und P.-J. Torbijn: Polycubes.

81 Jacoby und Benson: Mathematics for Pleasure, Fawcett.

84 E.-R. Emmet: A Diversity of Puzzles, Barnes & Nobles, 1977.

85 W. Rouse Ball: Récréations mathématiques et problèmes des temps anciens et modernes, Hermann, 1926.

92 Silverman: Your Move, McGraw-Hill.

98 Stephen Ainley: Mathematical Puzzles, London 1977.

127 The Royal Magazine, November 1930, S. 757.

138 Asger Aaboe: Episodes from The Early History of Mathematics, Random House, 1964.

142 Fourrey: Curiosités Géométriques.